S0-AQM-451

Práctica y deliciosa!
COCINA SIN GLUTEN

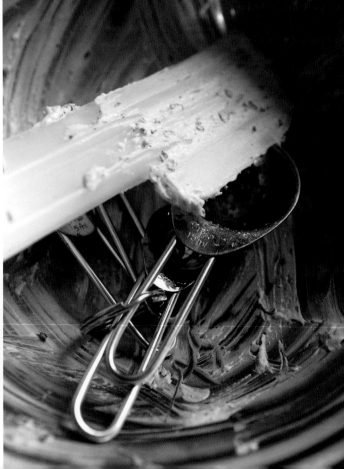

Práctica y deliciosa!
COCINA SIN GLUTEN

PHIL VICKERY

FOTOS DE STEVE LEE

CUTE EDICIONES

Cute

Título original: *Seriously Good Gluten Free Cooking*
Primera edición en Gran Bretaña en 2009 por
Kyle Cathie Limited, 122 Arlington Road
Londres NW1 7HP

© del texto: 2009, Phil Vickery
© del diseño: 2009, Kyle Cathie Limited
© de las fotografías: 2009, Steve Lee
© de la traducción: 2010, Cute Ediciones

ISBN 978-987-25829-2-0

Primera edición: 2010

Vickery, Phil
Práctica y deliciosa Cocina sin gluten.
1a ed. - Buenos Aires: Cute Ediciones, 2010.
192 p. ; 22x16 cm.

ISBN 978-987-25829-2-0

1. Libros de Cocina. 2. Cocina para Celíacos. I.
Título
CDD 641.563

Fecha de catalogación: 16/09/2010

Ninguna parte de esta publicación, incluido el diseño
de la cubierta, puede ser reproducida, almacenada o
transmitida en manera alguna ni por ningún medio, ya
sea eléctrico , químico, mecánico, de grabación o de
fotocopia sin permiso previo del editor.

Hecho el depósito que marca la ley 11.723
Impreso en China

cocinasingluten@cuteediciones.com.ar

www.cuteediciones.com.ar

Para el lector

Huevos crudos

Comer huevos crudos o huevos con las yemas *bavée*, así como cualquier preparación que los contenga, puede causar intoxicación en personas muy jóvenes (lactantes y niños pequeños), personas mayores y embarazadas.

Goma xántica

La goma xántica es un ingrediente seco muy útil, que contribuye a que las harinas libres de gluten tengan la textura elástica de la que de otra forma carecerían. Este producto es lo que hace la diferencia en los panes aptos para celíacos y debería poder conseguirse en las casas más importantes de repostería, dietéticas y comercios de alimentos naturales y farmacias.

Otros ingredientes especiales

Muchos de los ingredientes listados en las recetas no son de tan fácil consecución. Listamos a los proveedores de algunos de ellos.

- Aceite de sésamo: Sturla. *www.alimentossturla.com.ar*
- Harina de castañas: Magla. *www.maglaweb.com.ar*
- Polvo para hornear: Los polvos de hornear comerciales no son muchas veces aptos para celíacos. Kapac. *www.kapac.com.ar*
- Harina de arroz integral: Cotiene tanto el germen como el salvado del arroz. Contribuye a dar densidad y elasticidad a las masas. Molinos Gili. *molinosgili@arnetbiz.com.ar*

Contenido

Introducción del autor y de la
Asociación de Celíacos del
Reino Unido **6**

Desayunos, bebidas & licuados **12**

Aperitivos & platos rápidos **32**

Al aire libre **58**

Comida reconfortante **72**

Ensaladas, aderezos & tapas **86**

Cocinar para amigos **110**

Para vegetarianos **136**

Tortas, masas,
bizcochos & postres **148**

Tabla de conversiones **188**

Indice **189**

Agradecimientos **192**

INTRODUCCIÓN

Hace un par de años empecé a preparar *puddings* para vender en una feria de Navidad. Los *puddings* eran de calidad muy alta, estaban hechos con ingredientes excepcionales y llamaban mucho la atención. La venta era muy rápida y el interés en los productos, viral.

Sin embargo, una tendencia empezó a emerger luego de un tiempo. Un montón de gente se nos acercaba, miraba nuestra oferta y paraba a charlar con nosotros. Pero cuando les dábamos a probar los puddings se negaban, casi retrocediendo con horror mientras explican: "No puedo: soy celíaco, ¿Sabe lo que quiere decir?". Educadamente les respondía que lo sabía por mis años cocinando en hoteles y restaurantes y respondía que, de hecho, los puddings estaban libres de gluten. La reacción de las personas era clásica: como la de alguien que ve llegar el auxilio mecánico con el auto parado en el medio de una tormenta. Se llevaban tres o cuatro puddings por cabeza y le contaban a sus amigos sobre ellos: era increíble.

Me acerqué a la asociación celíaca Coeliac UK, no solo para aprender un poco más sobre la enfermedad, sino para explorar la idea de conseguir el aval del logo "libre de gluten" para mis puddings. A lo largo de las semanas y los meses, mis encuentros con ellos me abrieron los ojos. El enorme impacto de esta enfermedad en los pacientes es realmente pavorosa.

La mayoría de los chefs tienen poca idea de cómo describir la celiaquía, y mucho menos lo que involucra – y eso es algo que creo que debe cambiar. Así que con eso en mente, y habiendo investigado mucho, decidí escribir un libro sobre el tema que, a diferencia de muchos otros en el mercado, tuviera el punto de vista de un chef.

¡Y acá está el resultado! Cubre todas las áreas de la cocina: de estofados y productos horneados a postres, y desde desayunos a masas básicas, este libro tiene algo para cada uno.

Phil Vickery

Nov 08

¿QUÉ ES LA ENFERMEDAD CELÍACA?

La enfermedad celíaca es a menudo mal entendida. Frecuentemente se la considera una alergia o una simple intolerancia hacia ciertas comidas, cuando en realidad es una enfermedad crónica autoinmune que afecta al intestino y otras partes del cuerpo. Es originada por una respuesta inflamatoria contra el gluten, una proteína que se encuentra en el trigo, la cebada y el centeno. A algunas personas también las afecta el consumo de avena. Gluten es un término colectivo para el tipo de proteína que se encuentra en estos cereales. Es aquello que otorga al pan su elasticidad y a las tortas su esponjosidad y, lamentablemente, hasta la más pequeña cantidad de gluten presente en un alimento puede ocasionar problemas en quienes sufren enfermedad celíaca.

Los celíacos son sensibles a la presencia de esta proteína en el sistema digestivo. El intestino delgado está recubierto por pequeñas protuberancias similares a dedos llamadas vellosidades intestinales. Estas vellosidades tienen un rol crucial en la digestión, ya que prolongan la superficie del intestino delgado y permiten que nutrientes esenciales sean absorbidos por el torrente sanguíneo. Sin embargo, cuando el gluten entra en contacto con las vellosidades, en las personas celíacas se dispara una respuesta del sistema inmune que ataca a las vellosidades, como si éstas fueran una sustancia extraña al organismo. Las vellosidades se dañan rápidamente, se inflaman y se inhabilitan para extraer nutrientes clave no ya del trigo y otros cereales, sino del resto de los alimentos. De esto resulta un rango de trastornos de distinta gravedad.

Sumados a la incapacidad para absorber nutrientes, el daño a la capa epitelial del intestino delgado acarrea otros efectos negativos: notablemente, provoca una merma en la producción de enzimas digestivas necesarias para desintegrar los alimentos para su completa digestión y absorción en el organismo. Una gran cantidad de componentes de las comidas permanecen sin ser absorbidos en el intestino para luego ser fermentados por las bacterias que habitan en el tracto digestivo, lo que genera una variedad de síntomas gastrointestinales.

¿CUÁLES SON LOS SÍNTOMAS?

La variedad de síntomas gastrointestinales que puede presentarse en pacientes con enfermedad celíaca es grande, ya que la falla en la absorción de alimentos que acabamos de describir provoca rápidamente retorcijones estomacales, gases, diarrea e hinchazón. Es muy común que este cuadro sea diagnosticado como Síndrome de Colon Irritable y solo más tarde reconocido como enfermedad celíaca.

La diarrea es frecuente, aunque es importante notar que los pacientes pueden presentar muchos y variados síntomas: algunos hasta pueden conservar un hábito intestinal normal o incluso tender a la constipación. Los niños pueden experimentar dificultades en el crecimiento y el peso, los adultos pueden notar que pierden peso. La mala absorción de los alimentos y la anemia que trae aparejada la deficiencia de hierro o ácido fólico dejan a

---

SÍNTOMAS MÁS FRECUENTES

Diarrea, fatiga y deficiencia de hierro provienen directamente del déficit en la absorción de nutrientes, pero existe otro rango de síntomas que incluye:

- Hinchazón
- Dolores abdominales
- Pérdida de peso (aunque no en todos los casos)
- Dolores de cabeza
- Úlceras bucales
- Pérdida del cabello
- Sarpullido
- Esmalte dental defectuoso
- Problemas de fertilidad
- Abortos espontáneos recurrentes

---

los pacientes cansados y débiles.

De hecho, más que experimentar problemas intestinales, muchos pacientes celíacos se acercan su médico consultando por cansancio extremo (por la mala absorción crónica de hierro) y malestares psicológicos, como depresión. Puede también existir un déficit de calcio debido a la mala absorción, lo que resulta en una baja densidad del tejido óseo y hasta fracturas (como resultado de la osteoporosis). Dolor óseo y muscular, úlceras en la boca o sarpullido cutáneo en los codos y rodillas (llamado dermatitis herpetiforme) son también síntomas de celiaquía.

La enfermedad celíaca no diagnosticada puede resultar en infertilidad, tanto en hombres como en mujeres, y en un aumento de las probabilidades de aborto espontáneo.

¿CÓMO PUEDE DIAGNOSTICARSE?

Si usted sospecha que sufre de enfermedad celíaca no entre en pánico. Solo recuerde que es una enfermedad completamente manejable con una dieta controlada. De hecho, si usted es uno de los muchos celíacos no diagnosticados, probablemente sienta alivio al saber que tiene un problema médico que puede determinarse y con un curso de acción indicado para aliviar los síntomas.

Hay un procedimiento claro y estandarizado para diagnosticar la enfermedad celíaca. Lo primero es describir claramente los síntomas a su médico de cabecera. Un examen sanguíneo detectará luego anticuerpos específicos de la enfermedad. Es importante que hasta este examen usted continúe con dieta normal, ya que la confirmación del diagnóstico depende de la presencia de anticuerpos en la sangre que fueron originados como respuesta al gluten. El diagnóstico puede fallar si los pacientes siguen una dieta libre de gluten durante una cantidad de días previos al examen, ya que el sistema inmune reducirá la producción de anticuerpos a los niveles normales: el resultado del test dará falso negativo. Como mínimo, consuma productos con gluten durante seis semanas previas a la extracción de sangre para el examen.

Si el test sanguíneo da positivo, se recomienda una biopsia intestinal, lo que determinará en el microscopio la presencia de vellosidades intestinales y si están dañadas o no. Esta instancia es la confirmación del diagnóstico y debe realizarse mientras el paciente mantiene una dieta basada en gluten; de otra manera, la biopsia de intestino delgado correspondiente a un paciente celíaco embarcado en una dieta sin gluten mostraría un tejido epitelial totalmente normal recubriendo al intestino.

¿EN QUÉ CONSISTE EL TRATAMIENTO?

El tratamiento completo e indicado para la enfermedad celíaca es una dieta libre de gluten; esto quiere decir que el trigo, cebada, centeno y sus derivados deben ser evitados. Las fuentes de gluten más evidentes son las pastas, cereales, panes, harinas, bases de pizzas, tortas y bizcochos y pastelería en general. La avena suele estar contaminada con otros granos que contienen gluten, lo que la vuelve intolerable para algunos pacientes con enfermedad celiaca. Aunque la mayor parte de la población es capaz de tolerar la avena no-contaminada sin problemas, algunas personas celiacas pueden rechazarla y necesitarán privarse de su consumo. Es posible encontrar en comercios avena libre de gluten, aunque su consumo debe ser supervisado y testeado por un equipo de salud.

La adherencia estricta a la dieta libre de gluten permite que el intestino se cure, conduciendo a la resolución de todos los síntomas en la mayoría de los casos y, dependiendo de cuán temprano se empiece la dieta desde la fecha de diagnóstico, puede también eliminar los riesgos de cáncer intestinal y osteoporosis asociados a la celiaquía.

¿QUÉ SE PUEDE COMER?

Hay una gran variedad de comidas que están de por sí libres de gluten y benefician la dieta de las personas celíacas. Hay alimentos ricos en carbohidratos como por ejemplo las papas, el arroz y el maíz que no contienen gluten. Lo mismo puede decirse de la carne no procesada, los vegetales, la fruta, el pollo y el pescado, las hierbas y especias, los fideos de arroz, los frutos secos, huevos, aceites, vinagres y lácteos, el azúcar, la miel, el extracto de vainilla y la levadura (seca y fresca). De hecho, la dieta celiaca tiene el potencial de ser una de las dietas más saludables, porque coloca el énfasis en consumir productos frescos, naturales y sin adulterar. Más que eso, si el gluten en el sistema digestivo ha estado dificultando la absorción de vitaminas y minerales en el torrente sanguíneo, entonces la dieta celíaca debería restaurar a sus niveles normales estos elementos y conducir a una sensación de bienestar general.

Además. Cada vez más compañías están produciendo más substitutos a los alimentos con gluten, como pan, galletitas y pasta; y muchos de estos productos no se diferencian en sabor ni calidad con sus equivalentes "no-celíacos". Los fideos de arroz se encuentran hoy en todos los supermercados y en la mayoría de las dietéticas y almacenes naturistas se pueden conseguir harinas y elementos básicos para elaborar productos de pastelería aptos para celíacos. En internet existen numerosos foros y portales que publican listas de productos libres de gluten

COMIDAS QUE ESTAN LIBRES DE GLUTEN

- Toda la carne no procesada, incluida la de pescados
- Todas las frutas y verduras frescas
- Las hierbas frescas y especias no mezcladas
- Maíz y polenta
- Lentejas, porotos, garbanzos, arvejas y otras legumbres
- Arroz blanco e integral
- Salvado de arroz
- Fideos de arroz
- Semillas y frutos secos
- Huevos
- Lácteos: leche, crema, quesos, la mayoría de los yogures
- Soja y tofu sin cocinar
- Azúcar
- Miel
- Jarabe de maíz
- Miel de caña
- Jaleas y mermelada
- Aceites y materias grasas en general
- Vinagres
- Puré de tomate
- Extracto y esencia de vainilla
- Levadura fresca y seca

COMIDAS Y BEBIDAS QUE PUEDEN CONTENER GLUTEN AUNQUE NO SE DE CUENTA

- Polvo para hornear
- Snacks de maíz
- Papas fritas congeladas
- Caldo en polvo o cubitos
- Mezclas para sazonar ensaladas
- Productos elaborados con mostaza
- Primer jugo bovino
- Mayonesa
- Salsa de soja
- Alimentos que fueron rebozados en harina previos a la fritura
- Bebidas gaseosas (con y sin alcohol)
- Café de máquinas expendedoras
- Bebidas malteadas
- Cerveza
- Quesos
- Comidas envasadas en establecimientos donde hay TACC

y orientan en el consumo a los pacientes con enfermedad celíaca.

ROTULOS EN LOS ALIMENTOS INDUSTRIALES

Hoy en día es sencillo determinar si un producto está o no libre de gluten gracias a la legislación. En Argentina, la Ley Nacional Nº 26.588 establece que el máximo contenido de gluten admisible en los productos "libres de gluten - sin T.A.C.C." actualmente es de 10 mg/Kg.

De acuerdo a esta misma ley, todos los productos alimenticios industrializados que no contengan gluten deberán ser analizados y rotulados con la leyenda "libre de gluten - Sin T.A.C.C.", en lugar bien visible. Aquellos productos alimenticios cuyo contenido de gluten supere los 10 mg/kg deberán llevar la leyenda "contiene gluten" en lugar bien visible.

Asimismo, el componente de gluten debe ser declarado en el valor nutricional y/o la lista de ingredientes de los cereales, no importa qué cantidad se use en la elaboración del producto.

ALTERNATIVAS AL GLUTEN

Es acertado, hablando en general, que un paciente celíaco tenga precaución hacia los cereales. Hay algunas variedades de cereal, sin embargo, que no contienen gluten y que vale la pena conocer, ya que otorgan un resultado similar a las harinas y el cereal comercial a la hora de ser usados en preparaciones de pastelería que serían de otra manera inaccesibles para celíacos.

Como con todas las variedades de comida, lo mejor es acercarse con precaución y verificar que haya garantías de organismos oficiales de que los productos son aptos para celíacos. Algunos de los granos y cereales libres de gluten son:

- Harina de arroz
- Harina de tapioca
- Harina de papas
- Polenta
- Harina de maíz
- Harina de soja
- Harina de arvejas
- Harina de castañas
- Harina de trigo sarraceno
- Harina de raíz de loto
- Harina de algarroba
- Harina de mijo
- Harina de quinoa
- Sorgo
- Lino
- Amaranto
- Tef (nombre científico, *eragrostis tef*)
- Sagú (o maranta, su almidón se conoce como arrurruz o kuzu)

¿QUÉ ES LA CONTAMINACIÓN CRUZADA?

Los ingredientes secos que contienen gluten, como la harina y las migas de pan, presentan un alto riesgo de contaminar las comidas libres de gluten cuando se elaboran en un mismo espacio. Por lo tanto, es una buena idea implementar un sistema para separar los ingredientes en la cocina. Los pasos para evitar la contaminación incluyen:

- Limpiar las superficies de trabajo ni bien dejan de usarse
- Para freir piezas de pescado o vegetales, usar aceite limpio No debe reusarse aceite que fue usado para freir productos con harinas.
- Durante la preparación y cocción de los alimentos deben mantenerse las sartenes, utensilios y coladores separados
- Debe tostarse el pan en tandas y conservar separado de la próxima tanda.
- La manteca u otros alimentos que se puedan untar deben estar libres de migas de pan

ESTE LIBRO

Practicar una dieta libre de gluten no quiere decir que no se pueda disfrutar de recetas deliciosas y ricas en matices gustativos. De hecho, una dieta libre de gluten no solamente ofrece la oportunidad de mejorar la calidad de los alimentos que se ingieren (por los requerimientos de ingredientes frescos y no adulterados) sino que alerta a sus papilas gustativas sobre nuevas ideas y combinaciones de sabor. Las recetas de este libro intentan expandir los horizontes de las dietas sin gluten: recetas que van a ser nutritivas y que van a hacerlo sentir bien en serio.

COELIAC UK

Coeliac UK (la asociación de celíacos del Reino Unido) es la organización sin fines de lucro dedicada a las personas con enfermedad celíaca y dermatitis herpetiforme más grande del Reino Unido.

Su misión es mejorar la calidad de vida de aquellos que conviven con la celiaquía mediante el suministro de información, apoyo e investigación. Su visión consiste en que las personas con con enfermedad celíaca y dermatitis herpetiforme deben ser escuchadas y reconocidas universalmente.

Coeliac UK produce y distribuye folletos y publicaciones informativas, así como un servicio online de actualización de información y consejos para suscriptores en su sitio web www.coeliac.org.uk/

Los miembros y suscriptores son una parte vital de Coeliac UK en su trabajo de reclutamiento, recaudación de fondos y proselitismo. Existen muchas maneras a través de las que involucrarse con Coeliac UK, éstas incluyen la concientización de la población acerca de los alcances de la enfermedad celiaca y la mejora en las condiciones de vida de aquellos que viven libres de gluten.

DESAYUNOS, BEBIDAS & LICUADOS

LAS RECETAS: JUGO DE POMELO ROSADO PARA EMPEZAR LA MAÑANA / JUGO DE ZANAHORIA, APIO, JENGIBRE Y MANZANA / PURÉ DE ARÁNDANOS CON MIEL Y YOGUR / COMPOTA ESPECIADA DE MANZANAS Y YOGUR / REVUELTO DE CENTOLLA Y CHAMPIÑONES / WAFFLES DE HARINA DE ARROZ CON HUEVOS / HONGOS GRILLADOS CON PANQUEQUES DE ALBAHACA / BARRAS DE FRUTAS Y SEMILLAS / AGUA HELADA DE TOMATE Y ESTRAGÓN / TÉ HELADO DE JENGIBRE / REFRESCO DE ALBAHACA / LICUADO DE MELÓN Y PEPINO CON YOGUR / CAPUCCINOS *FROZEN* / CORDIAL DE MORAS FRESCAS / LIMONADA AGRIDULCE

PORCIONES: 4
PREPARACIÓN: 15min
COCCIÓN: ninguna

JUGO DE POMELO ROSADO PARA EMPEZAR LA MAÑANA

Esta es una muy buena bebida para el desayuno. Los pomelos rosados también se lucen en tragos con alcohol, mousses (como la de la página 186) y ensaladas con carnes de sabor fuerte, como pato.

Jugo de 4 pomelos rosados
Jugo de 4 limas
6 cdas de miel
5 ramitas de menta

Coloque los jugos de pomelo y lima en una jarra de vidrio y añada la miel. Aunque pueda tomar un tiempo hasta que la miel se haya disuelto y combinado con los ingredientes, siga batiendo. Para terminar, aplaste las hojas de menta con el canto de un cuchillo de cocina e incorpore al jugo. Sirva en vasos.

PORCIONES: 4
PREPARACIÓN: 2-5min
COCCIÓN: ninguna

JUGO DE ZANAHORIA, APIO JENGIBRE Y MANZANA

Es fácil que este jugo se convierta en su favorito por su sabor vibrante y hermoso colorido.

2 zanahorias grandes peladas
100 g de jengibre fresco pelado
4 tallos de apio
4 remolachas medianas y cocidas

4 manzanas grandes
Pizca de ají molido

Procese cada ingrediente en una juguera y vaya virtiendo cada jugo en una jarra de vidrio. Revuelva hasta que se hayan combinado bien. Enfríe en heladera o freezer. Sirva bien frío en vasos pequeños.
Si carece de juguera, utilice una licuadora o procesadora para hacer un puré con los vegetales. Luego cuele, cuidando de que no pasen al jugo trozos pequeños. Enfríe y sirva.

PURÉ DE ARÁNDANOS
CON MIEL Y YOGUR

PORCIONES: 4
PREPARACIÓN: 10min
COCCIÓN: 15min

Esta receta sirve para que tanto los adultos como los niños incorporen semillas y lácteos a su dieta. Es, además, una manera deliciosa de empezar el día con energía: pruébela durante el fin de semana, cuando dispone de más tiempo.

50 g de semillas de sésamo

75 g de semillas de girasol

50 g de piñones

50 g de avellanas

50 g de castañas de cajú

2 cdas de aceite de oliva extra virgen

2 bananas maduras

100 g de arándanos frescos

Jugo de 2 limas

75 g de arándanos deshidratados

500 g de yogur natural

50 g de miel espesa

50 g de miel líquida

100 g de arroz inflado

Caliente el horno a 200°C. Ubique las semillas y los frutos secos en una placa para horno, vierta el aceite sobre ellos y hornee durante 1-2 minutos, o hasta que estén ligeramente tostados. Deje enfriar.

Mientras tanto, ponga las bananas y la mitad de los arándanos frescos en un bol e incorpore el jugo de lima. Pise suavemente la fruta con un tenedor, luego añada los arándanos secos. Agregue el yogur, la miel líquida y espesa y mezcle bien.

Una las semillas tostadas, la mitad del arroz inflado y el resto de los arándanos frescos. Deje reposar 10 minutos, luego revuelva y divida en 4 bols.

Espolvoree con la mitad restante del arroz inflado y sirva.

PORCIONES: 4
PREPARACIÓN: 35min
COCCIÓN: 30min

COMPOTA ESPECIADA DE MANZANAS Y YOGUR

Soy un amante de las manzanas verdes; mi mamá solía cocinarlas mucho tiempo para luego servirlas con una cucharada de crema pastelera: ¡delicioso! Pero las manzanas no sirven solo para postres. En esta receta, ideal para el desayuno, se lucen sus propiedades y su sabor. ¿Qué más necesita uno a la mañana?

4 manzanas verdes, peladas y descorazonadas

150 g de azúcar impalpable

1 cdta de canela molida

Cáscara rallada y jugo de 1 limón

Cáscara rallada y jugo de 1 naranja

Pizca de ácido cítrico en polvo (opcional)

85 g de semillas de girasol

1 cda de aceite de oliva

250 g de yogur natural

Miel líquida y nuez moscada rallada, para servir

Ubique las manzanas, el azúcar, la canela, los jugos y las cáscaras de limón y de naranja en una sartén. Lleve a hervor, luego reduzca el fuego a mínimo y cocine 10-12 minutos hasta que se haya formado un puré espeso.

Una vez cocinada, la mezcla debería tener una consistencia ligeramente seca y espesa, no muy húmeda. Deje enfriar y luego lleve a la heladera.

Para añadir un matiz de sabor ácido puede incorporar en este paso una pizca de ácido cítrico en polvo (tenga cuidado de usar solo un poco, si se pasa con la cantidad la preparación va a tener un sabor metálico desagradable).

Caliente el aceite de oliva en una sartén y saltee las semillas de girasol hasta que estén tostadas y crocantes. Luego deje enfriar.

Con la ayuda de una cuchara, coloque el puré en bols o tazones individuales. Cubra con yogur, semillas de girasol, un poco de miel y nuez moscada. Sirva.

REVUELTO DE CENTOLLA Y CHAMPIÑONES

PORCIONES: 2-4
PREPARACIÓN: 10min
COCCIÓN: 15min

El Kedgeree -un plato indio de largo arraigo, consistente en pescado cocido y desmenuzado con arroz, huevos y curry- fue adoptado por los ingleses en tiempos victorianos. Desde entonces, es disfrutado como plato fuerte del desayuno, aunque puede servir perfectamente como almuerzo liviano o cena de verano. Puede reemplazar la centolla de esta receta por cualquier pescado, fresco o ahumado.

500 g de arroz blanco de grano largo

115 g de manteca

225 g de champiñones cortados a la mitad

4 cebollas de verdeo picadas

450 g de carne de centolla

4 cdas de perejil picado

2 cdas de aceite vegetal

1 huevo batido

Sal y pimienta recién molida

Cocine el arroz en abundante agua hirviendo. Cuando esté listo, cuele y reserve.

Caliente la mitad de la manteca en una sartén antiadherente, añada los champiñones y cocine 2-3 minutos.

Incorpore las cebollas de verdeo, la carne de centolla y el perejil. Continúe cocinando otros 2-3 minutos.

Caliente el aceite en otra sartén. Vierta el huevo batido y cocine a fuego lento, batiendo constantemente hasta que se haya coagulado.

Integre el arroz a la mezcla de centolla y mezcle bien. Luego sume el huevo revuelto, combine bien los ingredientes y condimente.

Finalmente, vierta la mitad restante de la manteca y sirva.

WAFFLES DE HARINA DE ARROZ CON HUEVOS

Esta es una receta muy fácil y puede ser el punto de partida para experimentar distintas combinaciones para esta masa de waffles hecha a base de harina de arroz, todo un hallazgo.

Para los waffles

Aceite, para engrasar

2 huevos grandes

2 cdas de aceite vegetal

250 ml de leche

250 g de harina de arroz

Pizca de sal

½ cdta de polvo para hornear libre de gluten

½ cdta de bicarbonato de sodio

Para los huevos

4 fetas de panceta

1 cdta de vinagre

4 huevos grandes, bien frescos

Pimienta negra recién molida

Sal

Hojas de albahaca, desmenuzadas a mano, a gusto

Aceite y precaliente la wafflera. Con la ayuda de una batidora eléctrica, mezcle los huevos, el aceite y la leche.

En un bol mezcle la harina de arroz, la sal, el polvo para hornear y el bicarbonato de sodio. Luego vierta de a poco en la mezcla húmeda hasta que tome consistencia espesa.

Derrame un cuarto de la preparación en la wafflera y cocine durante 3 minutos, o hasta que estén dorados. Reserve los waffles en horno tibio para que se mantengan calientes hasta que estén cocinadas todas las tandas.

Si no tiene una wafflera, puede hacer con la misma masa cuatro panqueques altos: esto no va a alterar el sabor ni la calidad de la receta. Caliente un poco de aceite en una sartén y vuelque la masa de a una cucharada por vez. Cocine hasta que estén dorados ambos lados.

Tueste las fetas de panceta en una sartén antiadherente sin materia grasa. Cuando estén crocantes, retire del fuego y reserve. Cocine los huevos poché: vierta el vinagre en una cacerola con agua hirviendo y rompa los huevos directamente sobre el agua. Cocine durante aproximadamente 2 minutos: las claras deben estar semilíquidas, no duras.

Retire los huevos del agua con una espumadera y ubique cada uno sobre un waffle tibio. Condimente con sal y pimienta, cubra con las fetas de panceta y la albahaca. Sirva.

HONGOS GRILLADOS CON PANQUEQUES DE ALBAHACA

PORCIONES: 4
PREPARACIÓN: 15min
COCCIÓN: 25min

Al grillarlos, los hongos portobello toman una textura totalmente distinta: casi parecida a la carne. Eso se potencia cuando se los somete a dos cocciones: los sabores y las texturas se concentran aún más. Se pueden servir con panceta tostada o con un huevo poché y pescado ahumado.

8 hongos portobello grandes
6 cdas de aceite de oliva
Sal y pimienta negra

Para los panqueques
115 g de harina de arroz fina
½ cdta de polvo para hornear sin gluten

½ cdta de pimienta negra
1 huevo mediano
1 ½ cdas de aceite de girasol
250 ml de crema de leche
3 cdas de albahaca, picada
3 cdas de aceite de oliva
55 g de manteca, pomada

Caliente el aceite de oliva en una placa bajo el grill del horno. Corte los tallos de los hongos, retire la placa del fuego. Disponga los hongos en la placa con la parte blanca estriada hacia abajo. Espere que chirríen y vuelva la placa al grill. Cocine durante 10-15 minutos, o hasta que estén blandos. Una vez cocidos, retire de la placa y deje enfriar en un colador, presionando con un tenedor para que suelten sus jugos.

Haga los panqueques: mezcle la harina de arroz, el polvo para hornear, la pimienta y la sal.

En otro bol, bata juntos la crema de leche, el aceite y el huevo. Añada gradualmente a la mezcla de harina. Cuando tenga una consistencia espesa y pareja, eche la albahaca.

Caliente una sartén antiadherente y vierta el aceite de oliva. Vierta la masa de panqueques de a una cucharada por vez, con tamaño parejo, para formar 8 porciones pequeñas. Cocine durante 2-3 minutos por lado. Reserve los panqueques en un plato caliente cubierto con film, para que mantengan el calor.

Vuelva los hongos al grill. En esta nueva cocción, van a adquirir una textura similar a la de la carne. Sirva sobre los panqueques, con un poco de manteca.

PORCIONES: 18 barras
PREPARACIÓN: 15min
COCCIÓN: 20min

BARRAS DE FRUTAS Y SEMILLAS

Estas barras, quizá por su textura crocante y su particular retrogusto, son las favoritas de mis hijos. Si lo desea puede omitir el azúcar, aunque la textura tendrá una consistencia más seca.

100 g de semillas de girasol

100 g de semillas de sésamo

100 g de semillas de zapallo

100 g de arándanos deshidratados

100 g de frutillas deshidratadas

100 g de granola libre de gluten

2 cdas de azúcar negra

1 cdta de comino molido

1 cdta de canela molida

1 cdta de coriandro molido

150 g de manteca cortada en cubos

Para la leche condensada

140 g de leche en polvo

80 ml de agua hirviendo

125 g de azúcar

40 g de manteca

Caliente el horno a 180ºC. Cubra con papel manteca una placa para horno cuadrada, de aproximadamente 24 cm.

Haga la leche condensada. Coloque en una licuadora todos los ingredientes y procese hasta que el azúcar se haya disuelto. Si quedó demasiado espesa para su gusto, puede corregir con unas gotas de agua y volver a procesar.

En un bol, mezcle las semillas, las frutas secas, la granola y las especias.

En un bol resistente al calor, combine la leche condensada y la manteca. Cocine sobre baño María hasta disolver la manteca, siga cocinando otros 15 minutos.

Luego derrame sobre la mezcla de semillas y revuelva bien, hasta que todos los ingredientes se hayan integrado.

Extienda la preparación con la ayuda de una espátula en la placa para horno con papel manteca. Hornee durante 20 minutos, hasta que esté dorado. Retire del fuego, deje enfriar y corte en barras.

PORCIONES: 4
PREPARACIÓN: 15min
más 8 horas de colado
COCCIÓN: ninguna

AGUA HELADA DE TOMATE Y ESTRAGÓN

Esta es una manera poco usual de usar los tomates pasados. Junto con un poco de vinagre, el azúcar y estragón fresco se convierten en un aperitivo ideal para el verano.

10 tomates perita grandes y sobre madurados

1 atadito de estragón fresco

6 cdas de vinagre de jerez

2 cdas de azúcar impalpable

Sal y pimienta, a gusto

Salsa Tabasco, a gusto

Coloque los tomates y el estragón en una procesadora de alimentos o licuadora y procese hasta que se forme un puré. Acomode un colador de alrededor de 28 cm de diámetro sobre un bol lo suficientemente grande como para contener todo el jugo y vierta el puré en un lienzo o filtro de café grande, previamente acomodado sobre el colador. El colador no debe entrar en contacto con el jugo.

Deje colar el puré durante toda la noche en una heladera. Va a precipitar un agua clara de tomate. Al día siguiente pruebe y rectifique el sabor con vinagre, azúcar, sal y pimienta.
Sirva súper frío en vasos pequeños con un toque de salsa Tabasco.

PORCIONES: 4
PREPARACIÓN: 5min
COCCIÓN: 10min

TÉ HELADO DE JENGIBRE

Esta refrescante bebida es muy simple: solo necesita infusionar jengibre en agua durante unos minutos. Puede servirse caliente o helada con cubitos de hielo.

400 g de jengibre fresco picado fino

1,25 litros de agua hirviendo

3-4 cdas de azúcar

Cubitos de hielo y gajos de limón, para servir

Ubique el jengibre picado en una tetera. Derrame el agua hirviendo y añada azúcar a gusto. Revuelva para disolver. Si lo va a beber caliente, aguarde dos minutos a que el jengibre se infusione bien. Si lo va a beber frío, deje que se enfríe por completo. Luego sirva en vasos altos con cubitos de hielo y gajos de limón.

REFRESCO DE ALBAHACA

RINDE: approx 1 litro
PREPARACIÓN: 15min
COCCIÓN: 15min

Esta bebida sigue la técnica del "cordial" europeo, un concentrado de frutas, hierbas, flores o verduras que se diluye con agua al momento de servir. La combinación poco usual de la albahaca y el ácido cítrico le otorgan a esta variante un carácter vibrante.

600 g de azúcar impalpable
600 ml de agua
2 vainas de vainilla partidas
2 cdas de miel de caña
12 cdtas de ácido cítrico
2 manojos de albahaca fresca, gruesamente picados
Hojas de albahaca fresca, cubitos de hielo y
      agua gasificada, para servir

Coloque el azúcar, el agua, las vainas de vainilla y la miel de caña en una cacerola pequeña. Cocine hasta que el azúcar se haya disuelto.

Añada el ácido cítrico, disuelva y luego incorpore la albahaca picada. Deje que se achicharre un poco.

Retire del fuego, cubra con film transparente y deje enfriar completamente. Una vez frío, cuele con un lienzo, embotelle en una botella limpia y esterilizada. Enfríe bien.

Para servir, vierta 2 cm de jarabe de albahaca en vasos altos, agregue 5-6 hojas de albahaca machacadas y mucho hielo. Llene hasta el borde con agua gasificada y ofrezca a sus invitados: se van a sorprender, créame lo que le digo. Este jarabe se mantiene bien en la heladera hasta 2 semanas.

PORCIONES: 4
PREPARACIÓN: 10min
COCCIÓN: ninguna

LICUADO DE MELÓN Y PEPINO CON YOGUR

Me gusta cómo combinan el sabor del melón y del pepino en esta receta veraniega. Use una variedad de melón bien perfumada, como rocío de miel, para lograr un sabor más profundo.

1 melón pequeño y maduro
1 pepino pelado y picado
Jugo de 2 limas
6 hojas de albahaca fresca
4 cdas de yogur natural
1-2 cdas de miel clara
Cubos de hielo

Corte el melón en mitades y deseche las semillas. Usando una cuchara, arranque la pulpa del melón y coloque en una licuadora o procesadora de alimentos. Agregue el pepino y el jugo de lima y haga un puré.

Añada la albahaca con el yogur a la licuadora, 1 cucharada de miel y los cubitos de hielo.

Siga licuando hasta que tome una consistencia fluida. Pruebe y rectifique con miel si fuera necesario.

Sirva en vasos altos y beba al instante.

CAPUCCINOS *FROZEN*

Este café helado es ideal para coronar un almuerzo, especialmente en los meses de verano. Puede hacer las veces de postre si lo sirve con una bocha de helado de crema americana.

12 cubos de hielo

100 ml de café espresso, enfriado
   durante 20 minutos

50 ml de licor de café

300 ml de leche

4 cdtas de cacao en polvo

Procese los cubos de hielo, el café, el licor y la leche en una licuadora hasta que los ingredientes se hayan integrado bien. Sirva en vasos altos y espolvoree con cacao en polvo para decorar.

RINDE: aprox 800ml
PREPARACIÓN: 20min,
más 4 horas de colado
COCCIÓN: 40min

CORDIAL DE MORAS FRESCAS

Para aprovechar las frutas que acaban de pasarse, esta bebida funciona de maravillas. También sirve para utilizar fruta congelada en los meses fríos. Esta variante usa arándanos, pero puede reemplazar por cualquier baya que no sea muy ácida, ya que el ácido cítrico puede resultar desagradable.

Cuando cuele el jugo en un lienzo, asegúrese de que la tela no tenga mucho perfume al suavizante o jabón en polvo que pueda transmitirse al jugo.

3 kg de arándanos maduros (cuanto más maduros, mejor)
350 ml de agua
Jugo de 2 limones grandes

Azúcar (vea la preparación para calcular la medida)
Acido cítrico (opcional, vea la preparación para calcular la medida)
Hielo, gajos de lima y agua gasificada, para servir

Lave bien la fruta.

Caliente el agua, el jugo de limón y la fruta en una cacerola pequeña que no sea de aluminio (ya que el aluminio reacciona frente al ácido presente en las frutas).

Cocine a fuego lento durante 15-20 minutos, o hasta que la fruta haya soltado su color y jugo.

Cuele en un lienzo durante cuatro horas como mínimo, hasta que haya se liberado todo el jugo. Resista la tentación de presionar la fruta para que suelte más jugo, esto puede enturbiar el jarabe.

Mida el jugo resultante en una jarra medidora de líquidos; por cada 600 ml de jugo de arándanos agregue 350 gramos de azúcar y 1 cucharadita de ácido cítrico (opcional).

Coloque en una cacerola y lleve a hervor, quite con una espumadera los elementos que suben a la superficie y cocine a fuego suave durante 20 minutos o hasta que la preparación se haya espesado un poco. Luego deje enfriar y embotelle en botellas limpias y esterilizadas. Enfríe bien.

Para servir, disponga unos cubitos de hielo y gajos de lima en vasos altos, llene hasta la mitad con el jarabe de arándanos y rellene hasta el borde con agua gasificada. Se mantiene 2 semanas en la heladera.

LIMONADA AGRIDULCE

RINDE: aprox 2 litros
PREPARACIÓN: 30min, más 8 horas de heladera
COCCIÓN: ninguna

Deliciosa, simple y fácil de preparar, esta limonada se vuelve todavía más refrescante gracias al aporte del ácido cítrico, que sirve para darle un toque ácido como el de los caramelos que se compran en los kioscos. Si el resultado final le parece muy dulce, puede diluirlo con agua o soda.

3 limones grandes

2 limas grandes

900 g de azúcar impalpable

25 g de ácido cítrico

6 cdas de hojas y tallos de menta picados

1 cdta de sal

2 litros de agua hirviendo

6 cdas de hojas de menta

Cubos de hielo, gajos de lima y limón, para servir

Pele los limones y las limas. Exprímalos y reserve las cáscaras.

En un bol grande, mezcle el azúcar, las cáscaras, el ácido cítrico, los jugos de lima y limón, las hojas y tallos de menta picados (solo las primeras 6 cucharadas). Revuelva bien.

Derrame el agua hirviendo, cubra con film transparente y deje enfriar. Una vez que se haya enfriado completamente, lleve a la heladera y deje reposar toda la noche.

Al día siguiente, cuele y agregue la segunda tanda de hojas de menta.

Si le parece que el refresco está muy dulce, diluya con un poco de agua.

Sirva en vasos altos, con mucho hielo y gajos de lima y limón.

APERITIVOS & PLATOS RÁPIDOS

LAS RECETAS: FRITURAS DE CEBOLLA CON MANGO Y YOGUR DE MENTA / ENSALADA DE HABAS Y SALMÓN AHUMADO / CERDO CROCANTE CON ADEREZO DE LIMÓN / TALLOS DE APIO RELLENOS CON JAMÓN CRUDO / SALMÓN AHUMADO MARINADO CON JENGIBRE / LANGOSTINOS SALTEADOS CON PALTA Y SALSA DE MAÍZ / CALDO DE POLLO ASADO CON PEREJIL Y LIMÓN / PAN ESPONJOSO DE ARROZ Y QUESO PARMESANO / ALAS DE POLLO CON MAYONESA DE WASABI / POLLO REBOZADO CON MAYONESA PICANTE / SOPA RÁPIDA DE MISO Y TOFU / GRATÍN DE POROTOS COLORADOS, AJÍ Y PIÑONES / GRATÍN DE PASTA CON MORRONES Y AJO AHUMADO / POROTOS CARAMELIZADOS SOBRE SCONS DE MOSTAZA / ARROZ SALTEADO CON PALTA Y WASABI / CACEROLA DE TOMATE, LANGOSTINOS Y LICOR DE ANÍS / HÍGADOS DE POLLO CON MUFFINS DE ESTRAGÓN / ATÚN CON ADEREZO DE HUEVO, ALCAPARRAS Y HIERBAS

PORCIONES: 4
PREPARACIÓN: 10min
más 1 hora marinando
COCCIÓN: 6-8min

FRITURAS DE CEBOLLA CON MANGO Y YOGUR DE MENTA

Este es un gran favorito en mi programa *Ready Steady Cook*, y sabe tan bien como se ven en el plato. En la cocina india, estas frituras se llaman *bhajis* y se sirven como guarnición con algunos platos, pero también funcionan solos.

Para la salsa
½ mango maduro pelado
225 ml de yogur natural
2 cdas de menta fresca picada

Para los bhajis
1 cebolla mediana cortada en mitades y luego en rodajas finas
1 cdta colmada de cúrcuma

1 cda de comino molido
4 cdas de cilantro fresco
225 g de harina de arvejas
½ cdta de polvo para hornear libre de gluten
250-300 ml de agua gasificada
Aceite vegetal, cantidad necesaria para freír
Sal y pimienta negra a gusto
Ensalada de verdes, para servir

Coloque el mango y el yogur en una licuadora y procese hasta que quede fluido.

Lleve a un bol grande, añada la menta picada, cubra y deje marinar cerca de 1 hora a temperatura ambiente.

Mezcle en un bol grande la cebolla, las especias, la harina de arvejas y el polvo para hornear. Incorpore suficiente agua gasificada para formar una masa húmeda y suave. Llene una sartén o wok profundo con 4 cm de aceite vegetal, caliente a 175°C, o hasta la temperatura en la que un dado de pan tarde 15 segundos en dorarse.

Forme con la masa esferas del tamaño de una avellana. Vuelque en el aceite no más de 4-5 esferas por tanda. Van a tomar color muy rápido debido a la presencia de la cúrcuma. Cocine cada esfera 3 minutos por lado, o hasta que estén bien doradas. Seque en papel de cocina, coloque en un plato caliente y reserve cubiertas en papel de aluminio para mantenerlas calientes.

Repita el proceso hasta terminar la masa, esperando que el aceite vuelva a tomar la temperatura deseada antes de agregar la siguiente tanda de bolitas de masa.
Para servir, disponga en platos calientes y aderece con un poco de salsa. Acompañe con ensalada de verdes.

ENSALADA DE HABAS Y SALMÓN AHUMADO

PORCIONES: 4
PREPARACIÓN: 15min
COCCIÓN: ninguna

Las habas son tan deliciosas que nos merecemos disfrutarlas todo el año: para eso, yo las congelo cuando están en estación. Las cocino congeladas en agua hirviendo con sal, las llevo a hervor dos veces y cuelo. Con salmón ahumado y un aderezo fácil de mostaza son la picada perfecta para acompañar con vino blanco.

2 cdas de vinagre de vino blanco

2 cdtas de mostaza de Dijon apta celíacos

4 cdas de aceite de girasol

4 cdas de aceite de oliva extra virgen

250 g de habas, cocidas y coladas

1 lechuga mediana cortada en tiras

16 tomates cherry en mitades

16 bocconcinos de mozzarella de búfala, en mitades

225 g de salmón ahumado, feteado y cortado en tiras

Sal y pimienta recién molida

Prepare el aderezo: bata el vinagre y la mostaza con sal y pimienta. Vierta gradualmente los aceites hasta que la mezcla haya emulsionado. Pruebe y rectifique el condimento si hiciera falta.

En un bol grande, combine las habas cocidas, la lechuga y los tomates cherry. Agregue tres cuartos del aderezo y revuelva para que se impregne bien en los vegetales. Sirva en platos, luego disponga los bocconcinos a los costados de cada porción.

Ubique las tiras de salmón ahumado sobre la ensalada, cubra con el resto del aderezo.

PORCIONES: 4
PREPARACIÓN: 15min
COCCIÓN: 10min

CERDO CROCANTE CON ADEREZO DE LIMÓN

Esta ensalada tiene en sí matices de sabor poco usuales y es a la vez fácil y económica como plato principal.

4 fetas de panceta

400 g de carne magra de cerdo cortada en tiras

1 cda de Cinco Especias (o en su defecto, 1 cdita de canela molida y 1 cdita de pimienta molida)

2 cdas de aceite vegetal

Sal y pimienta recién molida

Para el aderezo

3 cdas de miel clara

Jugo y cáscara rallada fina de 2 limones grandes

3 cdas de aceite de oliva

1 cda de miel de caña

2 cdas de salsa de soja

1 cdta de azúcar impalpable

Para la ensalada

½ lechuga arrepollada cortada en tiras finas

1 rabanito cortado en rodajas finas

1 ají morrón rojo picado grueso

1 atado chico de berro

Caliente el horno a 200ºC. Mientras tanto, tueste en una sartén antiadherente las fetas de panceta hasta que estén crocantes. Retire y seque sobre papel de cocina.

Coloque en un bol el cerdo, el polvo de cinco especias o la pimienta y la canela junto con 1 cucharadita de sal. Revuelva para que el cerdo se impregne bien de estos ingredientes. Deje reposar unos minutos.

Vierta el aceite en una sartén antiadherente precalentada. Agregue el cerdo. Mientras va tomando temperatura, revuelva y desmenuce los trozos con una cuchara de madera hasta que toda la carne se haya cocido parejo. Va a notar que el líquido que suelta la carne comienza a hervir, esto es normal y esperable. Deje que hierva sin dejar de revolver. Luego de unos minutos, el agua se evaporará y el cerdo se seguirá cocinando en la pequeña cantidad de aceite y grasa que queda en la sartén.

Una vez que el cerdo esté crocante, luego de aproximadamente 5 minutos, retírelo con una espumadera y déjelo secar en un colador sobre un bol. Después de un rato deseche los jugos que se precipitaron y condimente el cerdo.

Prepare el aderezo. Añada la miel, cáscara y jugo de limón, aceite, miel de caña, salsa de soja, azúcar y sal y pimienta en un bol. Mezcle bien.

Disponga los ingredientes de la ensalada en una fuente. Derrame el aderezo y revuelva. Incorpore el cerdo y revuelva. Sirva en porciones individuales cubiertas con 1 feta de panceta.

TALLOS DE APIO RELLENOS CON JAMÓN CRUDO

Este snack es un pasaje directo a los años '70: simple y sabroso. No será un favorito de todos, pero a mí me encanta.

1 cda de aceite de oliva

4 fetas de jamón crudo cortado en tiras

1 cabeza de apio

200 g de queso crema saborizado con hierbas

1 cda de pesto

2 cdas de crema de leche

10 hojas de albahaca picadas

2 cds de ciboulette picado

2 cdas de cilantro fresco picado

Sal y pimienta recién molida

Pimienta de Cayena para servir

Caliente el aceite en una sartén, agregue el jamón crudo y cocine hasta que esté crocante.

Corte los tallos de apio diagonalmente en trozos de 10 cm de largo.

Combine el queso crema con el pesto y la cantidad necesaria de crema para que se ablande. Agregue las hierbas frescas y condimente.

Con la ayuda de una manga o de una espátula unte la parte acanalada de los tallos de apio con la mezcla de queso, cubra con el jamón crudo y espolvoree con pimienta de Cayena.

SALMÓN AHUMADO MARINADO CON JENGIBRE

PORCIONES: 6-8 (como entrada)
PREPARACIÓN: 25min, más 1 hora marinando
COCCIÓN: 1 hora

Me gusta mucho la combinación de remolacha y salmón, crudos o cocidos, funcionan muy bien juntos. Sumados al jengibre en conserva, la salsa de soja y el sabor amargo del rabanito, forman una entrada liviana perfecta para 6-8 personas o un plato principal para 4.

Para la ensalada
2 remolachas medianas
280 g de salmón ahumado
150 g de rabanitos
Jugo de ½ limón
Pimienta negra recién molida

Para el aderezo
150 ml de vinagre de arroz
4 cdas de salsa de soja
1 cda de azúcar impalpable
1 cda de jengibre picado en conserva
Cantidad extra de salsa de soja y jengibre en conserva, para servir

Caliente el horno a 200°C. Envuelva las remolachas en dos capas de papel de aluminio.

Disponga en una placa para horno y cocine durante 1 hora, o hasta que un cuchillo las traspase con facilidad.

Una vez cocidas, pele las remolachas mientras están calientes, luego deje a un lado para que se terminen de enfriar.

Mientras tanto, corte el salmón en fetas finas y coloque en un bol.

Pele el rabanito y corte en rodajas finas y agregue al salmón.

Corte la remolacha pelada en tiras finas e incorpore al salmón.

Derrame el jugo de limón y un poco de pimienta sobre todos los ingredientes, mezcle bien, cuidando que las tiras de remolacha no se partan.

Combine todos los ingredientes del aderezo y vierta sobre el salmón. Revuelva bien la preparación y deje que se asiente 1 hora a temperatura ambiente. Luego sirva.

PORCIONES: 4
PREPARACIÓN: 15min
COCCIÓN: 4-5min

LANGOSTINOS SALTEADOS CON PALTA Y SALSA DE MAÍZ

Otra receta fácil y simple. La palta caliente y la salsa de maíz combinan muy bien con el sabor de los langostinos cocidos. El momento crítico de este plato es cuidar el punto de los langostinos: si los cocina de más se van a poner duros.

4 cdas de aceite de girasol

2 choclos desgranados

½ cdta de comino molido

½ cdta de ají fresco picado (opcional)

1 palta madura cortada en dados

2 dientes de ajo picados fino

Jugo de 3 limas grandes

1 cda de aceite de oliva

4 cdas de cilantro fresco

20 langostinos, pelados y eviscerados

1 cdta de paprika

sal y pimienta negra recién molida

Caliente la mitad del aceite de girasol en una sartén. Agregue los granos de choclo, el comino y el ají, si lo usa, y cocine durante unos minutos. Luego coloque en un bol.

Incorpore la palta, ajo, jugo de lima, aceite de oliva, coriandro, sal y pimienta. Revuelva bien.

Limpie con papel de cocina el wok o la sartén, vierta el resto del aceite de girasol y cuando esté bien caliente integre los langostinos. Fría durante 2-3 minutos, hasta que estén rosados y cocidos, luego espolvoree con la paprika.

Disponga la salsa en 4 platos y coloque encima los langostinos salteados. Sirva.

CALDO DE POLLO ASADO CON PEREJIL Y LIMÓN

PORCIONES: 4
PREPARACIÓN: 15min
COCCIÓN: 50min

Para mí, en la actualidad desperdiciamos mucha comida. Este plato aprovecha la carcasa de un pollo asado y es ideal para una noche de domingo o lunes.

Carcasa de 1 pollo asado cortada en cuartos

1.8 litros de agua fría

10 g de caldo deshidratado de gallina apto para celíacos

1 zanahoria grande cortada en dados pequeños

1 cebolla grande picada fino

½ ají picado fino (opcional)

1 berenjena cortada en dados pequeños

1 manojo de arvejas frescas o congeladas

1 hoja de laurel

Hojas de perejil fresco, a gusto

3 granos de pimienta negra

3 dientes de ajo machacados

1 cda de fécula de maíz disuelta en un poco de agua fría

Cáscara de 1 limón

1 cda de jugo de limón

1 manojo de albahaca picada grueso

Sal y pimienta negra

Coloque la carcasa de pollo en una cacerola grande. Añada el caldo deshidratado y el agua y lleve a hervor. Reduzca el fuego y cocine durante 35 minutos más.

Cuele el caldo con un lienzo o filtro grande de café y deje reposar 10 minutos para que se forme una costra de grasa en la superficie del caldo.

Retire la grasa con una espumadera o cuchara. Luego trasvase el caldo a otra sartén o cacerola. Añada la zanahoria, la cebolla y el ají, si lo usa, y vuelva a hervir. Cocine durante otros 10 minutos, hasta que los vegetales estén tiernos.

En este punto sume la berenjena, las arvejas, la hoja de laurel, el perejil, los granos de pimienta y el ajo. Cocine durante 1 minuto.

Agregue la fécula de maíz mientras la sopa todavía está hirviendo. Revuelva bien para que se espese. Sin embargo, tiene que mantener una textura fluida; si se espesa mucho agregue un poco de agua hirviendo.

Para terminar, sume la cáscara y el jugo de limón y la albahaca. Condimente y sirva en bols profundos.

PORCIONES: 4-6
PREPARACIÓN: 20min
COCCIÓN: 45min

PAN ESPONJOSO DE ARROZ Y QUESO PARMESANO

Durante los años '90 viví mucho en los Estados Unidos, donde descubrí esta mezcla entre pan y frittata italiana realmente deliciosa. A la hora del desayuno se puede servir con queso crema y un pescado ahumado; como almuerzo liviano con legumbres o hasta con pechugas de pollo grilladas o carne.

250 g de arroz
350 ml de leche
½ cdta de sal
½ cdta de pimienta negra
75 g de queso parmesano, rallado
55 g de manteca pomada

5 huevos medianos, separados
20 g de cebollas de verdeo bien picadas
Una pizca de crémor tártaro
1 ½ cdtas de goma xántica
1 cdta de arrurruz, o de otro almidón espesante como fécula de maíz

Caliente el horno a 180º C. Engrase con aceite una pizzera de 30 cm de diámetro y 3 cm de profundidad.

Cocine el arroz, cuele y reserve. Coloque en una sartén con la leche, 200 ml de agua, sal y pimienta y lleve a hervor. Reduzca el fuego y cocine durante 15-20 minutos, o hasta que la mezcla permanezca separada cuando la divida con una cuchara. Lleve a un bol y deje enfriar.

Una vez que se haya enfriado totalmente añada el queso, la manteca, las 5 yemas y la cebolla de verdeo y mezcle bien. Sume la goma xántica y el arrurruz. Combine bien los ingredientes.

Mientras tanto, bata las 5 claras y el crémor tártaro y continúe batiendo hasta que la mezcla esté cremosa y espesa: cuide de no batir de más. Agregue a la mezcla de arroz. Condimente otra vez si hiciera falta.

Vuelque la preparación en la pizzera y cocine durante 20-25 minutos en horno precalentado, hasta que esté ligeramente dorado. Deje enfriar, luego retire de la pizzera y enfríe completamente sobre una rejilla.

Puede servir este pan a temperatura ambiente o frío. Conserve en la heladera.

ALAS DE POLLO CON MAYONESA DE WASABI

PORCIONES: 10
PREPARACIÓN: 45 min
más 1 hora para marinar
COCCIÓN: 8-10min

Aunque lleve un poco de tiempo, vale la pena probar esta receta. La carne del pollo se desprenderá literalmente del hueso y quedará muy bien con el picante del wasabi disuelto en la mayonesa.

32 alas de pollo

4 cdas de ketchup apto celíacos

2 cdas de vinagre de vino tinto

2 cdas de azúcar negra

4 cdtas de polvo de mostaza apto celíacos

Una pizca de ají molido

Un toque de salsa inglesa apta celíacos

4 dientes de ajo machacados

2 cdas de aceite de oliva

2 cdas de pasta de tamarindo, o jalea de membrillo

1 cdta de comino molido

1 cdta de cilantromolido

8 cdas de mayonesa

2 cdtas de wasabi

4 cdas de perejil fresco picado

4 cdas de albahaca fresca picada

4 cdas de cilantro fresco picado

Sal

Deshuese las alas de pollo. Reserve los huesos y restos en el freezer para cuando prepare el próximo caldo de pollo.

Prepare la marinada mezclando juntos el ketchup, vinagre, azúcar, mostaza, ají molido, salsa Worcestershire, ajo, aceite, pasta de tamarindo o jalea de membrillo, comino y cilantromolidos. Bata, sazone con sal y pimienta, incorpore las alas de pollo y revuelva para que se impregnen bien. Deje descansar 1 hora a temperatura ambiente o toda la noche en la heladera.

Caliente el horno a 220°C. Ubique el pollo en una asadera y cocine 8-10 minutos, hasta que esté bien cocido, dorado y pringoso.

Prepare la mayonesa de wasabi: combine el wasabi, la mayonesa, el perejil y la albahaca.

Para servir, disponga el pollo en una fuente y esparza cilantro picado. Sirva la mayonesa por separado. ¡Un *finger food* perfecto!

PORCIONES: 4
PREPARACIÓN: 30min
COCCIÓN: 20min

POLLO REBOZADO CON SALSA PICANTE

Esta es una buena manera de comer carnes blancas. El secreto es usar leche condensada para cubrir el ave, que añade sabor y textura a la carne: confíe en mí, ¡aunque le parezca una combinación extraña! Hace muchos años comí un pollo frito en el estado de Tennessee; cuando le pregunté al cocinero por qué el pollo estaba tan suculento, me contestó que la razón era la marinada de leche condensada. Me reí, pero cuando lo probé yo mismo noté la diferencia.

Para la salsa

350 ml de mayonesa

2 cdtas de ají picante, picado

3 cdtas de mostaza de Dijon, apta celíacos

Jugo y cáscara de 1 lima

2 cebollas de verdeo picadas grueso

4 cdtas de pepinillos

3 cdas de hojas de estragón frescas, picadas

100 g de morrones colorados en conserva, picados

4 cdas de hojas de perejil fresco, picadas

4 cdas de azúcar

Sal y pimienta recién molida

Para el pollo

2 pechugas de pollo sin piel

3 cdas de leche condensada (ver receta en pág. 22)

2 huevos medianos, batidos

Pizca de ají molido

½ cdta de comino molido

2 cdas de harina de maíz fina o polenta

6-8 cdas de fécula de maíz

Aceite vegetal neutro, cantidad necesaria para freír

En un bol, combine bien todos los ingredientes de la salsa y reserve.

Corte el pollo en dados de 2 cm, quitando con cuidado los tendones y el exceso de grasa. En una fuente, mezcle la leche condensada con los huevos y 2 cucharadas de agua. Aderece con el ají molido, el comino y abundante pimienta.

Coloque la fécula de maíz fina en un plato y, en un plato separado, la polenta. Para rebozar el pollo, cubra primero las piezas con la fécula de maíz. Luego páselas por la mezcla de huevos y cubra bien. Finalmente, pase por la mezcla de polenta y reserve. Repita el proceso hasta que no queden más piezas de pollo.

Cubra el fondo de una sartén antiadherente con 2 cm de aceite. Caliente el aceite hasta los 170°C, o hasta que un trozo de pan se dore profundamente en 15 segundos. Fría el pollo en tandas pequeñas, hasta que esté bien dorado. Retire con una espumadera y reserve en un plato caliente cubierto con papel de cocina y tapado con un repasador o papel de aluminio. Cuando estén listas las tandas seque bien, luego espolvoree con sal. Sirva con la salsa a un costado.

SOPA RÁPIDA DE MISO Y TOFU

PORCIONES: 4
PREPARACIÓN: 5min
COCCIÓN: ninguna

Me gusta mucho la sopa de miso. Siempre sentí que reportaba algún beneficio a mi organismo mientras la ingería al principio de una comida, cuando es placentero tomarla por su textura y sabor. El secreto es servirla bien caliente apenas se cocina, para que los vegetales estén crocantes.

40 g de pasta de miso

900 ml de agua hirviendo

100 g de tofu firme cortado en cubos

4 cdas de salsa de soja

50 g de hongos shiitake cortados en rodajas finas

50 g de champiñones

1 cda de jengibre fresco, pelado y picado fino

10 g de alga nori, cortada en tiras finas

3 cebollas de verdeo, en rodajas

Disuelva la pasta de miso en agua hirviendo.

Combine el resto de los ingredientes en un bol. Luego divida en forma pareja en cuatro tazas o boles individuales.

Derrame el caldo de miso en cada porción y sirva.

PORCIONES: 4-6
PREPARACIÓN: 15min
COCCIÓN: 35min

GRATÍN DE POROTOS COLORADOS, AJÍ Y PIÑONES

Los fideos aptos para celíacos están presentes en cada vez más supermercados. El secreto para que salgan deliciosos es no terminar la cocción en agua hirviendo, sino con un toque de horno. Puede cubrirlos con mozzarella o queso parmesano o llevarlos al horno sin ninguna cobertura para que sean más crocantes.

200 g de fideos libres de gluten

2 cdas de aceite de oliva

425 g de porotos colorados cocidos

Cáscara de 1 limón, rallada fino

40 g de piñones, o almendras

4 cdas de hojas de perejil, picadas grueso

Una pizca de ají molido

350 ml de crema de leche

10 g de caldo deshidratado de vegetales apto para celíacos

200 g de mozzarella, cortada en fetas finas o 50 g de queso parmesano rallado

Sal y pimienta negra recién molida

Ensalada de verdes con cebolla, para servir

Caliente el horno a 200ºC.

Cocine la pasta según las indicaciones del paquete. Cuele y mezcle con una cucharada de aceite de oliva.

Mientras tanto, coloque los porotos, la cáscara de limón, los piñones, el perejil y el ají molido en un bol. Integre bien todos los ingredientes. Luego añada la pasta.

Lleve a hervor la crema y el caldo en una cacerola pequeña, revuelva para disolver el caldo y vierta sobre los porotos. Combine bien y pruebe los condimentos. Si fuera necesario, rectifique.

Extienda la preparación en una asadera de aprox. 28 x 28 x 4 cm. Cubra con la mozzarella en fetas o el parmesano. Cocine durante 20-25 minutos, o hasta que estén bien dorados.

Una vez cocidos, saque del horno y deje enfriar 5 minutos antes de servir. Acompañe con una ensalada de verdes con cebollas y bastante rúcula.

PORCIONES: 4
PREPARACIÓN: 20min
COCCIÓN: 15-20min

GRATÍN DE PASTA CON MORRONES Y AJO AHUMADO

Es sabido que, en general, la pasta aumenta su peso hasta 1 ½ veces cuando se cocina. En este plato, los 500 g se transformarán en 800 g, dependiendo de la absorción del líquido de la pasta elegida. La consistencia correcta de esta preparación se logra cuando está húmeda en el centro y crocante en la superficie.

40 ml de aceite de oliva

2 cebollas medianas picadas fino

4 dientes de ajo ahumados y picados

500 g de mostacholes libres de gluten

2 morrones amarillos cortados en cubos de 2 cm

10 g de caldo deshidratado de vegetales apto para celíacos

450 ml de crema de leche

40 g de hojas de albahaca frescas y picadas

50 g de queso parmesano rallado

50 g de pan libre de gluten o galletas de arroz, desmenuzados

Sal y pimienta negra recién molida

Ensalada verde, para servir

Caliente el horno a 200°C.

Caliente el aceite en una sartén, agregue las cebollas y cocine durante 10 minutos o hasta que estén blandas.

Cocine la pasta siguiendo las instrucciones del paquete. Una vez cocidos, cuele los mostacholes y extienda en una asadera de aprox. 22 x 30 x 7 cm.

Integre los morrones y el caldo a la cebolla, sume la crema de leche y mantenga otros 15-20 minutos a fuego suave, hasta que la crema se haya evaporado hasta la mitad y los morrones estén bien tiernos. Condimente.

Añada las hojas de albahaca a la salsa de morrones y vierta sobre los mostacholes. Revuelva bien y espolvoree con queso parmesano rallado.

Cubra la asadera con el pan o las galletas de arroz desmenuzadas y hornee 15-20 minutos, hasta que esté bien dorado. Sirva con ensalada verde.

POROTOS CARAMELIZADOS SOBRE SCONS DE MOSTAZA

PORCIONES: 4
PREPARACIÓN: 15min
COCCIÓN: 10min

Esta es una receta ideada por mi familia. Lo que me gusta es que puede prepararse con ingredientes y conservas muy fáciles de conseguir. Claro que tuve que perfeccionar la idea original un poco. En fin, soy un chef después de todo.

Para los scons

40 g de harina de maíz

2 pizcas de crémor tártaro

2 pizcas de bicarbonato de sodio

1 huevo mediano ligeramente batido

2 cdas de mostaza de grano entero, apta celíacos

6 cdas de miel (aprox.)

2 cdas de cilantro fresco picado

2 cdas de aceite vegetal

Sal y pimienta negra recién molida

Para los porotos

410 g de porotos remojados toda la noche y cocidos 40 minutos en agua hirviendo

15 g de manteca

½ cdta de ají molido

1 cda de miel

4 cdas de cilantro fresco picado

Cantidad extra de cilantro y miel, para servir (opcional)

En un bol, combine la harina, el crémor tártaro y el bicarbonato de sodio. Añada una pizca o dos de sal y pimienta.

Integre el huevo y la mostaza. Revuelva un poco y luego sume la cantidad de leche necesaria para que se forme una masa espesa, con una consistencia similar a la crema batida. Finalmente, añada el cilantro picado.

Caliente el aceite en una sartén antiadherente. Vierta 2-3 cucharadas de la masa y cocine los scons durante 2-3 minutos, o hasta que los costados y la superficie estén firmes, luego dé vuelta y cocine 1-2 minutos más. Una vez cocidos, resérvelos en un plato caliente y cubra con film para que mantengan la temperatura. Repita el proceso hasta que no quede más masa: debería alcanzar para 8-10 scones.

Lleve los porotos al fuego con la miel, la manteca y el ají molido. Una vez que los porotos estén calientes y la manteca se haya derretido, agregue el cilantro y siga cocinando hasta que quede achicharrado.

Para servir: monte los scons en el plato y cubra con una buena cantidad de porotos y un poco más de miel y cilantro, si lo desea.

PORCIONES: 4
PREPARACIÓN: 10min
COCCIÓN: 5min

ARROZ SALTADO CON PALTA Y WASABI

Esto fue idea de mi esposa, así que no me puedo llevar el crédito por las virtudes del plato: fácil, rápido y rendidor.

230 g de arroz basmati cocido

2 tomates grandes picados

1 palta madura cortada en cubos

4 cdas de cilantro fresco picado

2 cebollas de verdeo cortadas en rodajas

1-2 cdtas de aceite vegetal

2 huevos grandes batidos

1 cda de wasabi emulsionado

Sal y pimienta fresca recién molida

Coloque los tomates, la palta, el cilantro y las cebollas de verdeo en una fuente para servir y combine bien.

Caliente el aceite en el wok, añada el arroz y revuelva.

Cuando el arroz esté caliente, sume los huevos batidos y continúe salteando a fuego moderado hasta que los huevos se hagan. Condimente y retire del fuego.

Vierta el arroz sobre la mezcla de tomate. Verifique los condimentos y agregue el wasabi.

Sirva mientras está caliente.

CACEROLA DE TOMATE, LANGOSTINOS Y LICOR DE ANÍS

PORCIONES: 4
PREPARACIÓN: 10min
COCCIÓN: 25min

Hace unos años, cuando visité Grecia, probé esta deliciosa receta de habas con tomates frescos, langostinos y Ouzo -un típico aperitivo griego similar al Pernod-. Me traje una botella de Ouzo de vuelta a casa y, como la mayoría de los turistas, lo encerré en un armario y no lo usé nunca más. Pero un día, limpiando la botella de polvo, me dije: "Voy a usar esto en algún momento". Y ese momento fue cuando decidí incluir la receta de ese plato aquí.

El Pernod o el licor de anís son buenos sustitutos para el Ouzo, pero tenga cuidado en usar solo una pequeña cantidad. También debo mencionar otra clave: use un aceite neutro para la cocción y reserve el aceite de oliva extra virgen de mayor calidad para el momento de servir.

2 cdas de aceite vegetal neutro

1 cebolla grande, picada fina

120 ml de Ouzo, Pernod o licor de anís

2 latas de 400 g de tomates peritas

2 tomates frescos picados

2 cdtas de azúcar

4 cdas de hojas de albahaca fresca picada

300 g de langostinos pelados y eviscerados

2 cdas de aceite de oliva extra virgen

Sal y pimienta negra recién molida

Arroz blanco, cocido, para servir

En una sartén grande, caliente el aceite neutro. Incorpore la cebolla y cocine 5 minutos.

Añada el Ouzo, Pernod o licor de anís. Lleve a hervor y siga cocinando, para que el alcohol se evapore, unos 2 minutos.

Sume los tomates en lata, los tomates frescos, el azúcar, sal y pimienta.

Revuelva bien y cocine 15 minutos, o hasta que la salsa se haya espesado.

Agregue la albahaca, los langostinos y el aceite de oliva a la sartén. Siga cocinando a fuego moderado hasta que la preparación esté bien caliente, cuidando que los langostinos no se pasen (o se pondrán duros).

Sirva con arroz blanco. Puede acompañar con vino blanco seco.

PORCIONES: 8
PREPARACIÓN: 20min
COCCIÓN: 25min

HÍGADOS DE POLLO CON MUFFINS DE ESTRAGÓN

Las harinas sin gluten hacen que la estructura de los productos horneados sea más difícil de lograr. Acá, gracias al polvo para hornear y a los pirotines -que sostienen la masa durante la cocción-, el resultado final es bastante decente. La textura que logrará para los muffins será quebradiza, pero la salsa compensará esto.

Para los muffins

150 g de harina de maíz o polenta

2 cdtas de polvo para hornear apto para celíacos

75 g de harina de castañas (ver pág. 4)

4 cdas de aceite de oliva

1 huevo mediano

275 ml de leche

100 g de granos de choclo

4 cdas de estragón fresco picado

Sal y pimienta negra recién molida

Para los hígados

300 g de hígados de pollo enteros

50 g de manteca

100 ml de oporto

150 ml de crema de leche

Caliente el horno a 200ºC. Coloque 8 pirotines en un molde para cupcakes. En un bol grande, combine el polvo para hornear, la harina de maíz, la harina de castañas, sal y pimienta.

Bata juntos el huevo, la leche y el aceite. Vierta en el bol de las harinas y revuelva para que los ingredientes se integren bien. Luego agregue el estragón y los granos de choclo. La mezcla debería ser suave y consistente, no muy densa ni muy fluida. Llene con esta masa los pirotines y cocine en horno precalentado 20-25 minutos, o hasta que se hayan levantado, estén dorados y la punta de un cuchillo salga limpia luego de hundirla en el centro.

Mientras tanto, troce los hígados en cuartos. Quíteles toda membrana que los recubra. Derrita la manteca en una sartén y cuando empiece a hacer burbujas comience a saltear los hígados. Siga durante 2-3 minutos, délos vuelta y agregue el vino oporto. Lleve a ebullición, cuando el alcohol se haya evaporado agregue la crema de leche. Revuelva y pruebe si necesita más sal o pimienta.

Cuide el punto de cocción de los hígados: tienen que estar rosados en el centro cuando los corte. Una vez que los muffins estén cocidos, remueva de los pirotines y corte en mitades. Sirva en platos con la parte cortada hacia arriba y cubra con los hígados cremosos.

ATÚN CON ADEREZO DE HUEVO, ALCAPARRAS Y HIERBAS

PORCIONES: 4
PREPARACIÓN: 15min
COCCIÓN: 10min

En éste, como en todos los platos con pescado, conviene que la materia prima esté bien fresca. El aderezo tiene una combinación poco vista de sabores que funciona muy bien con el gusto del salmón.

Para el atún
2 cdas de aceite de oliva
Cáscara de 2 limas, rallada
4 filetes de aprox. 175g de atún fresco, o salmón rosado

Para el aderezo
2 huevos duros picados
1 cda de alcaparras picadas

4 pepinillos picados finos
1 cda de hojas de perejil picado
2 echalotes o 1 cebolla chica, picados finos
6 cdas de aceite de oliva
Cáscara y jugo de ½ limón
Sal y pimienta negra recién molida
225 g de hojas para ensalada y una selección de Hierbas como albahaca, eneldo, estragón, para servir

Primero combine la marinada para el pescado: bata el aceite de oliva con la cáscara de lima y deje infusionar 20 minutos. Cuele el aceite en un lienzo: va a obtener un aceite verdoso de oliva perfumado con un fantástico aroma a lima. Deseche la cáscara de lima.

Luego, el aderezo: mezcle en un bol los huevos, las alcaparras, los pepinillos, el perejil y la cebolla o echalotes. Añada el aceite de oliva, la cáscara y el jugo de limón, condimente y deje infusionar unos minutos.

Mientras tanto frote los filetes de pescado con el aceite de oliva perfumado con lima y condimente bien.

Caliente una sartén o una plancha. Cuando haya tomado mucha temperatura, selle los filetes de pescado: 2-3 minutos de cada lado. Para acertar al punto de cocción, mire los filetes transversalmente: los extremos tienen que tomar color cocido y el centro debe permanecer rosado.

Cuando haya alcanzado el punto, retire el pescado y reserve en un lugar caluroso.
Divida las hojas de ensalada en 4 platos grandes, disponga los filetes sobre las hojas y cubra con el aderezo.
El centro de cada filete seguirá rosado y semi-crudo: así está perfecto.

COCINAR AL AIRE LIBRE

LAS RECETAS: SALMÓN ROSADO JAPONÉS CON CHUTNEY DE MENTA / PICKLE DE CABALLA CON HIERBAS / COSTILLAS DE CERDO CON ADEREZO DE CALABAZA / MUSLOS DE POLLO CON ADEREZO DE MORRONES / HAMBURGUESAS DESNUDAS / HAMBURGUESAS DE PAVO CON CHOCLOS Y ALBAHACA / ADEREZO DE MENTA Y MANGO / POLLO CON PAPAS AL HORNO EN DOS COCCIONES / ENSALADA THAI DE CENTOLLA CON VERDURAS CHINAS

PORCIONES: 4
PREPARACIÓN: 30min,
más tiempo para marinar
COCCIÓN: 15min

SALMÓN ROSADO JAPONÉS CON CHUTNEY DE MENTA

Los sabores de esta preparación son muy intensos: el salmón rosado es dulce y untuoso, mientras que el chutney y la menta son poderosos y forman una dupla bien pareja. Si tiene tiempo, deje marinar el salmón toda la noche. Yo reduzco a fuego lento el líquido de la marinada para usar como condimento.

4 filetes de salmón de 175 g, sin piel

Pak choi al vapor, para servir (ver pasos abajo)

Jugo de ½ lima

Sal y pimienta fresca recién molida

Para el chutney de menta

60 g de hojas de menta frescas, bien lavadas

2 tomates maduros grandes, picados

2 cdtas colmadas de ajíes picantes verdes, picados

5 dientes de ajo picados finos

2 cdas de aceite de oliva

Para la marinada

200 ml de mirin (vino de arroz japonés)

150 ml de salsa de soja

1 cda de aceite de sésamo

2 cdas de azúcar impalpable

2 cdas de vinagre de jerez

Prepare el chutney: procese en una licuadora la menta, los tomates, el ají picante, el ajo y el aceite de oliva hasta obtener un puré; éste no debe quedar muy grumoso ni muy fluido. Lleve a un bol, luego añada el jugo de lima y condimente.

Prepare la marinada: en una sartén, lleve a ebullición el mirin, la salsa de soja, el aceite de sésamo, el azúcar y el vinagre. Baje el fuego y cocine la salsa hasta que se haya reducido a la mitad. Saque de la hornalla y deje enfriar completamente.

Ubique los filetes de salmón en una fuente profunda, derrame la marinada sobre los filetes de salmón y enfríe en la heladera durante 1 hora. La fuente debe estar cubierta para proteger al pescado de los olores invasivos de la heladera.

Para cocinar el salmón, precaliente el horno al máximo. Retire el salmón de la marinada, permitiendo que le quede algún líquido adherido, y lleve a una placa para horno. Reserve la marinada. Hornee 8-10 minutos en el grill del horno, o hasta que el salmón esté apenas cocido. Debe sentirse firme al tacto.

Mientras tanto, reduzca la marinada a fuego lento en una cacerola pequeña. Al momento de servir, vierta sobre el salmón y acompañe con el chutney y el pak choi al vapor.

Pak choi al vapor: coloque 4 cabezas de pak choi bien lavadas en una fuente. Cubra con film transparente, pinche con un tenedor y cocine en microondas a potencia alta durante 6 minutos. Una vez cocidos, retire del microondas, deseche el film y el exceso de agua. Sirva con el salmón.

PICKLE DE CABALLA CON HIERBAS

PORCIONES: 4
PREPARACIÓN: 15 min más 24 hs en la heladera
COCCIÓN: 25min

Un plato perfecto para el verano por ser fresco y colorido. Aunque también puede funcionar en los meses fríos. El secreto es retirar de la heladera 20 minutos antes de servir: en ese lapso los sabores se asentarán increíblemente bien.

4 cdas de aceite de oliva

1 cebolla chica picada fina

2 dientes de ajo machacados

1 zanahoria grande en rodajas finas

180 ml de vinagre de vino blanco

180 ml de vino blanco

180 ml de agua

2 hojas de laurel

1 cda de sal marina

2 cdtas de azúcar impalpable

Una pizca de ají molido

Una pizca de pimienta blanca molida

2 cdas de jugo de limón

1 cdta de hojas de mejorana bien picadas

1 cda de hojas de perejil picado

4 filetes de caballa fresca desespinados

Hojas de rúcula y rodajas de pan libre de gluten, para servir

Fría en una sartén con aceite caliente la cebolla, el ajo y la zanahoria hasta que estén blandos.

Añada el resto de los ingredientes, excepto el pescado, pruebe los condimentos y cocine sin tapar durante 20 minutos a fuego suave.

Quite la piel a los filetes de caballa usando los dedos y cuidando de no romper la carne.

Disponga los filetes en un plato de acero inoxidable, vidrio o loza, luego vuelque el líquido caliente sobre el pescado. Deje enfriar y luego reposar 24 hs en la heladera.

Sirva con rúcula y las rodajas de pan. Puede aliñar con un poco más de aceite si lo desea.

PORCIONES: 6
PREPARACIÓN: 20min
COCCIÓN: 45-50min

COSTILLAS DE CERDO CON ADEREZO DE CALABAZA

Marinar el cerdo en una salmuera simple durante algunos minutos ayuda a sacar lo mejor de su sabor. Lo mismo puede decirse de otras carnes, como pollo y pavo. Sirva con papines y chauchas.

Para el cerdo
6 bifes de carré de cerdo de unos 140 g
Aceite para pincelar

Para la salmuera
30 g de azúcar impalpable
15 g de sal

Para el aderezo de calabaza
4 cdas de aceite de oliva
1 cdta de semilla de alcaravea o comino
1 cdta de clavos de olor
1 cebolla morada pequeña, picada fina
2 dientes de ajo machacados

1 cda de raíz de jengibre fresca, picada
450 g de calabaza cortada en cubos gruesos
125 ml de vinagre de vino tinto
2 cdas de aceto balsámico
1 cda de salsa Worcestershire apta celíacos
175 g de azúcar moscabada, o azúcar negra
Sal y pimienta negra recién molida

Para el glaseado
3 cdas de jarabe de arce o de miel de caña
1 ½ cdas de aceite de oliva
Papines y chauchas para servir

Prepare el aderezo. Caliente el aceite en una sartén grande. Añada las semillas de alcaravea (o comino), los clavos, las cebollas, el ajo y el jengibre y cocine durante 6-8 minutos.

Agregue la calabaza, los vinagres, la salsa Worcestershire y el azúcar, revuelva bien y condimente. Cubra y cocine despacio, hasta que la calabaza esté tierna, más o menos 10 minutos. Luego quite la tapa y siga cocinando hasta que esté espeso, otros 10 minutos.

Haga la salmuera: disuelva el azúcar y la sal en 300 ml de agua en una cacerola a fuego moderado. Vierta en una jarra medidora resistente al calor y llene hasta los 350 ml con agua fría. Ubique las costillitas en un plato (no debe ser metálico) y vuelque la salmuera encima. Deje marinar 10-15 minutos.

Pincele los bifes con un poco de aceite. Haga el glaseado mezclando el jarabe de arce (o miel de caña) con el aceite de oliva. Cocine las costillitas en la parrilla (o en el grill del horno) durante 5-6 minutos por lado; cuando estén casi listas, pincele con el glaseado. Vuelva al grill 1-2 minutos, cuidando que no se carbonicen. Sirva con el aderezo, los papines y chauchas.

PORCIONES: 4
PREPARACIÓN: 25min
COCCIÓN: 15-20min

MUSLOS DE POLLO CON MAYONESA DE MORRONES

Sirva estos muslos con un poco de mayonesa saborizada con morrones asados, berro y mangos maduros para lograr un plato principal lleno de sabores que alcanzará para 4 personas.

Para el pollo

4 muslos de pollo grandes, sin piel

2 cdas de aceite de oliva

Jugo de ½ lima

Sal y pimienta negra recién molida

Para la mayonesa

350 ml de mayonesa

2 cdtas de ají picante fresco picado

3 cdtas de mostaza de Dijon apta celíacos

Jugo de 1 lima grande

2 cebollas de verdeo picadas gruesas

4 cdtas de pepinillos picados

3 cdas de hojas de estragón picadas

3 cdtas de mezcla de especias cajún (partes iguales de comino molido, tomillo deshidratado, pimienta negra y pimienta de Cayena; el doble de pimentón y mezcla de especias provenzal)

4 cdas de azúcar

6 cdas de hojas de cilantro picadas

200 g de morrones rojos, asados y picados gruesos

1 mango maduro, pelado y cortado en rodajas finas

1 atado de berro grande

gajos de lima, para servir

Prepare los muslos: separe la carne del hueso con un cuchillo. Luego extienda la carne en una tabla de picar y golpee con el canto de un cuchillo hasta achatar, para que tome la forma de supremas.

Mezcle la mayonesa, el ají picante, la mostaza, el jugo de lima y las cebollas de verdeo. Agregue luego los pepinillos, el estragón y la mezcla de especias cajún. Pruebe y rectifique el condimento si hiciera falta. Sume el cilantro y los morrones asados, revuelva bien para integrar los ingredientes y enfríe hasta el momento de servir.

Frote las supremas con oliva y jugo de lima, sal y pimienta. Luego cocínelas en la parrilla (o en el grill del horno) durante 6-8 minutos por lado, o hasta que estén tostadas. Se dará cuenta de que el pollo está en su punto cuando de su parte más gruesa se desprenda un jugo claro (no rosado) si lo pincha con un tenedor o cuchillo. Cuando estén cocidas retire del grill y mantenga caliente.

Divida las rodajas de mango en 4 platos, cubra con un poco de berro. Disponga las supremas y úntelas con una cucharada de mayonesa. Decore con gajos de lima.

HAMBURGUESAS DESNUDAS

PORCIONES: 6
PREPARACIÓN: 10min
COCCIÓN: 8-12min

Les digo desnudas porque no tienen sal ni pimienta. Aunque puede agregar la cantidad que quiera, si lo prefiere.

500 g de carne picada magra

3 cdas de pan apto celíacos, desmenuzado en migas

Aceite vegetal para cocinar

Sal y pimienta fresca recién molida (opcional)

Pan de hamburguesas, para servir (opcional)

Los secretos de una buena hamburguesa son:

1) Pique carne de bifes de paleta o rosbif.

2) Use carne magra, que tenga entre 15-20 por ciento de grasa.

3) Pique la carne dos veces, luego revuelva bien, así se integrará mejor y conservará su humedad y grasitud.

La técnica es simple. Solo tiene que mezclar la carne y las migas de pan y agregar condimentos si lo desea.

Con las manos, dé a la carne la forma de 6 esferas de igual tamaño, luego aplaste. Precaliente la parrilla (o el grill del horno).

Luego pincele levemente con aceite las hamburguesas de ambos lados. También unte con aceite la parrilla usando papel de cocina.

Grille las hamburguesas 2-3 minutos, luego gírelas 90º (esto les imprimirá en la superficie la marca del fuego en rejilla, tan atractiva visualmente) y continúe cocinando durante un par de minutos. Dé vuelta las hamburguesas y repita el proceso.

Sírvalas al plato o en panes.

PORCIONES: 6
PREPARACIÓN: 20min
más tiempo de heladera
COCCIÓN: 10-12min

HAMBURGUESAS DE PAVO CON CHOCLOS Y ALBAHACA

La carne de la pata es la mejor parte del pavo para hacer hamburguesas, simplemente porque la carne es más jugosa. La pechuga también es buena, pero necesita más atención al momento de prepararla y cocinarla. Además, la pechuga tiene apenas 2 por ciento de grasa. Pero descubrí un buen truco: con un poco de mayonesa se mantendrán jugosas y con mejor sabor. Lo mismo es válido para las pechugas de pollo, que puede reemplazar en esta receta.

500 g de carne de pavo (preferentemente de la pata), picada

2 cdas de mayonesa

2 cdas de hojas de albahaca picadas

2 cdas de salsa Worcestershire apta celíacos

½ clara de huevo ligeramente batida

2 cdas colmadas de granos de choclo cocido

2-3 cdas de harina de arroz integral (ver pág. 4) o polenta

Aceite de oliva para freír

Sal y pimienta

Lechuga arrepollada, tomate maduro cortado en rodajas y aderezo de mango y menta, para servir

En un bol, combine el pavo, la mayonesa, la albahaca, la clara de huevo y la salsa Worcestershire. Revuelva muy bien, luego añada la harina de arroz o polenta y los granos de choclo.

Condimente y revuelva bien nuevamente.

Deje enfriar 30 minutos.

Dé a la mezcla la forma de 6 esferas parejas, achate con el canto de un cuchillo y vuelva a enfriar 5-10 minutos. Caliente la parrilla o el grill del horno.

Antes de cocinar, pincele las hamburguesas de ambos lados con aceite de oliva, luego pincele la parrilla justo antes de ubicar las hamburguesas (esto impedirá que se peguen).

Luego grille 3-4 minutos, gire las hamburguesas a 90° para lograr la marca de fuego en forma de rejilla sobre la superficie. Grille otros 3-4 minutos, dé vuelta y termine con 3-4 minutos más de cocción.

Sirva con lechuga picada, tomate maduro en rodajas y una cucharada o dos de aderezo de mango y menta (ver receta en página opuesta).

ADEREZO DE MENTA Y MANGO

PORCIONES: 6
PREPARACIÓN: 10min
COCCIÓN: ninguna

Aunque en la actualidad se consiguen mangos frescos prácticamente todo el año, su pulpa también se vende en lata en los supermercados. El sabor inconfundible de esta fruta va muy bien con las hamburguesas de pavo y con recetas de la cocina india.

400 g de mango picado
200 g de yogur natural
2-3 cdas de almíbar (opcional, si
usa pulpa de mango en lata)
1 cda de hojas de menta picadas
2 cdas de vinagre de vino blanco
Sal y pimienta negra

Coloque todos los ingredientes en una licuadora, condimente y procese hasta lograr una consistencia homogénea. Añada almíbar si hiciera falta. Tenga en cuenta que la textura del aderezo debe ser más espesa que líquida.

POLLO CON PAPAS AL HORNO EN DOS COCCIONES

PORCIONES: 4
PREPARACIÓN: 20min
COCCIÓN: 30min

Esta salsa de lima es muy sabrosa y realmente realza el gusto del pollo. Es simple de preparar y admite dos usos: como marinada y como aderezo.

4 pechugas de pollo sin piel

Para la salsa

2 cdas de puré de jengibre (receta a continuación)

1 cda de puré de ajo (receta a continuación)

4 cdas de aceite vegetal

1 cdta de polvo de 5 especias (o 1/2 cdta de pimienta y ½ cdta de canela, mezcladas)

½ cdta de canela

½ cdta de paprika

100 ml de vinagre de vino blanco

100 g de azúcar moscabada, o azúcar negra

2 cdas de miel clara

Jugo de 6 limas grandes

1 cda de fécula de maíz

sal y pimienta negra recién molida

Para las papas

4 papas grandes, cocidas

4 ramitas de romero fresco

4 cdas de aceite de oliva

Haga los purés de jengibre y ajo: hornee una cabeza de ajo y una pieza entera de raíz de jengibre hasta que estén blandas. Cuando se hayan enfriado, pele y pise con un tenedor. Luego coloque en una sartén el puré de ajo, el de jengibre, el aceite, las especias, la miel, el azúcar, el vinagre, el jugo de lima y los condimentos y lleve a hervor. Reduzca el fuego y siga cocinando hasta que la preparación esté espesa, 15-20 minutos. Caliente el horno a 220° C.

Corte las papas cocidas en mitades y practique en cada mitad incisiones con un cuchillo. Disponga pedacitos de romero en cada incisión, pincele con aceite de oliva, condimente y reserve. Caliente en una sartén la cantidad de aceite necesaria para freír las papas. Fría 5-10 minutos, con el corte hacia abajo. Luego lleve a una asadera y hornee 15-20 minutos para que se doren bien.

En una taza, combine la fécula de maíz con un poco de agua para formar una pasta homogénea. Vuelque esta pasta cuando la salsa esté lista, para espesar. Deje que la salsa se enfríe.

Disponga el pollo en una asadera y pinte con la mitad de la salsa. Reserve la otra mitad para servir. Cocine las pechugas 20 minutos, o hasta que el glaseado esté pringoso y haya tomado mucho color. Sirva con las papas y el resto de la salsa presentada en cuencos individuales.

PORCIONES: 6-8 como entrada, 4 como principal
PREPARACIÓN: 15min
COCCIÓN: ninguna

ENSALADA THAI DE CENTOLLA CON VERDURAS CHINAS

Amo esta ensalada; es crocante, sabrosa y suficiente como plato principal en una cena o almuerzo. Se puede reemplazar la centolla, pienso yo, por pechuga de pollo orgánico asada: el aderezo funciona bien en ambos casos.

Para la ensalada

8 rodajas de limón del grosor de una lámina, cortadas en cuartos

100 g de chauchas cortadas en trozos de 2 cm

10 tomates cherry cortados en mitades

2 zanahorias medianas peladas

4 cabezas de pak choi *

480 g de centolla (o pechugas de pollo asadas)

Para el aderezo

Jugo de 3 limas grandes

3 cdas de pasta de tamarindo **

3 cdas de salsa de pescado

2 dientes de ajo picados finos

2 cdtas colmadas de ají molido

3 cdas de salsa de soja

1 cda de azúcar impalpable

50 ml de aceite vegetal

sal y pimienta negra recién molida

Ubique el limón, las chauchas y los tomates en un bol grande.

Corte las zanahorias en rodajas finas. Agregue al bol y mezcle bien.

Corte cada cabeza de pak choi en 6-8 trozos, añada al bol con la carne de centolla (o pollo). Integre los ingredientes, pero no revuelva de más si usa centolla para no romper mucho la carne.

En un cuenco pequeño mezcle todos los ingredientes del aderezo excepto el aceite. Combine y vierta luego el aceite en un chorro fino, batiendo continuamente.
Vierta el aderezo sobre la ensalada y mezcle, pruebe los condimentos. Normalmente, la salsa de soja y el ají deberían bastar.

Deje descansar 20 minutos a temperatura ambiente. Revuelva otra vez y sirva.

* El pak choi es una verdura de hoja de la familia de las brassicas originaria de Asia. Se produce en Argentina y puede conseguirse en verdulerías no especializadas.
** La pasta de tamarindo está a la venta en supermercados especializados en productos orientales. Puede reemplazarse con jalea de membrillo.

COMIDA RECONFORTANTE

LAS RECETAS: PAN DE CASTAÑAS Y CEBOLLAS ASADAS / SOPA DE ARVEJAS, TOMATES CHERRY Y FIDEOS DE ARROZ / SOPA LIVIANA DE POLLO CON MORRONES ASADOS / SOPA DE LENTEJAS VERDES, CILANTRO Y LIMA / PALETA DE CERDO CON SALSA BARBACOA / CORDERO EN COCCIÓN LENTA AL ESTILO INDIO / POLLO BRASEADO CON CEBOLLAS CARAMELIZADAS / RISOTTO DE PUERRO Y LIMÓN

RINDE: 1 pan de 900g
PREPARACIÓN: 20min
COCCIÓN: 30min

PAN DE CASTAÑAS Y CEBOLLAS ASADAS

Podría escribir un libro entero sobre el pan sin gluten, ya que es un tema en sí mismo por la dificultad de lograr la estructura adecuada sin gluten. Este pan de castañas es rápido y fácil de preparar. Las cebollas asadas le dan una dulzura que complementa el sabor a frutos secos de la masa. Definitivamente, esta es la receta para empezar su repertorio de panes libres de gluten.

5 cdas de aceite de oliva

2 cebollas medianas picadas

3 cdas de azúcar

10 g de levadura seca

1 cdta de goma xántica

400 ml de agua tibia

300 g de harina de castañas (ver pág. 4)

100 g de fécula de papa

½ cdta de polvo para hornear apto celíacos

1 huevo mediano ligeramente batido

Sal y pimienta negra recién molida

Aceite, c/n para engrasar el molde

Caliente el horno a 180° C. Unte con aceite un molde para pan o budines con capacidad para 900 g.

Caliente 2 cdas del aceite de oliva en una sartén, añada las cebollas y 2 cdtas de azúcar.

Cocine a fuego moderado hasta que las cebollas estén doradas, revolviendo de tanto en tanto, unos 5 minutos. Reserve.

En un cuenco, combine la levadura, el agua tibia, la goma xántica y el resto del aceite de oliva. Bata hasta que los ingredientes secos se hayan disuelto.

En un bol grande integre las harinas, el resto del azúcar, el polvo para hornear, 1 cdta de sal y pimienta. Sume el huevo y revuelva un poco más. Vuelque la mezcla de levadura y mezcle bien.

Lleve la preparación al molde y hornee 30 minutos, o hasta que el pan se haya levantado y esté ligeramente tostado en su superficie. Reserve y deje enfriar un poco. Desmolde sobre una rejilla. Cuando haya tomado temperatura ambiente, corte en rodajas y sirva.

PORCIONES: 4
PREPARACIÓN: 10min
COCCIÓN: 20min

SOPA DE ARVEJAS, TOMATES CHERRY Y FIDEOS DE ARROZ

No hace falta saltear ni hornear los ingredientes de esta sopa: por eso me gusta. Pueden ir incorporándose al agua a medida que se está pelando y trozando.

2 dientes de ajo picados finos

1 cdta de ají picante picado fino

1 cda de jengibre fresco picado

1 morrón colorado chico picado fino

½ puerro picado fino

100 g de champiñones en rodajas finas

Jugo de 2 limas grandes

750 ml de agua hirviendo

1 sobre de caldo deshidratado de verduras apto celíacos

50 g de fideos de arroz

100 ml de leche de coco

150 g de arvejas frescas o congeladas

12 tomates cherry cortados en cuartos

4 cdas de hojas de cilantro fresco

50 g de lechuga arrepollada cortada en tiras

Sal y pimienta negra recién molida

En una cacerola coloque el ajo, el jengibre, el ají, el morrón, el puerro, los champiñones, el jugo de lima, el agua y el sobre de caldo. Lleve a hervor. Luego reduzca el fuego y siga cocinando 10 minutos.

Vierta la leche de coco en el caldo, haga hervir otra vez y pruebe los condimentos. Rectifique si fuera necesario.

Agregue las arvejas y siga cocinando hasta que estén calientes.

Divida en forma pareja los fideos, los tomates cherry, el cilantro y la lechuga en 4 bols.

Cubra con la sopa caliente y sirva.

SOPA LIVIANA DE POLLO CON MORRONES ASADOS

PORCIONES: 4
PREPARACIÓN: 40min
COCCIÓN: 1 hora

Mi buen amigo Ken Hom, probablemente el chef chino más famoso del mundo, me enseñó esta técnica hace 15 años. Es un plato fabuloso para un almuerzo liviano y refrescante. El secreto está en el cambio que produce en la textura del pollo recubrirlo con claras y harina de maíz.

2 morrones rojos

1 cda de aceite de oliva

2 dientes de ajo picados

1 cdta de ají picante picado

1 sobre de caldo deshidratado de gallina

8 champiñones

1 cda de raíz de jengibre picada

1 clara ligeramente batida

1 cdta de aceite de sésamo

2 cdas de fécula de maíz

2 pechugas de pollo medianas, sin piel y cortadas en cubos de 1 cm

1 lata de 400 ml de leche de coco

4 cdas de hojas de cilantro picadas

1 lechuga arrepollada cortada en 8

100 g de fideos de arroz hidratados según las instrucciones del paquete

Sal y pimienta negra recién molida

Aceite de sésamo, para servir (opcional)

Caliente el horno a 220°C. Corte los morrones a la mitad, quite las semillas y el tallo, luego corte en cuartos. Frote los morrones con el aceite y condimente.

Coloque el morrón en una asadera y hornee hasta que esté tostado y tierno. Deje enfriar y corte en tiras largas.

Ubique el ajo, el ají, 500 ml de agua y el caldo deshidratado en una cacerola, lleve a hervor, baje el fuego y cocine 3 minutos. Agregue los champiñones y el jengibre y cocine 1 minuto. Mientras tanto, mezcle en un bol la clara, el aceite de sésamo y la fécula de maíz, condimente y bata. Vuelque los trozos de pollo y cubra con la mezcla.

Sume los trozos de pollo rebozados a la sopa, asegurándose de que no tienen exceso de clara de huevo, y cocine 3-4 minutos.

Una vez que el pollo esté cocido, incorpore la leche de coco, el cilantro, la lechuga, las tiras de morrón y los fideos de arroz. Deje 2-3 minutos, hasta que la lechuga esté blanda.

Verifique el condimento e incorpore más aceite de sésamo si lo desea. Sirva inmediatamente.

PORCIONES: 4
PREPARACIÓN: 20min
COCCIÓN: 35-40min

SOPA DE LENTEJAS VERDES, CILANTRO Y LIMA

La combinación de aromas y sabores de esta sopa rápida hacen que se luzca como algo sofisticado para los invitados, siendo a la vez una muy buena opción para disfrutar un día de semana frente a la TV.

4 cdas de aceite de oliva

1 zanahoria mediana picada fino

2 tallos de apio picados fino

1 cebolla grande picada fino

2 dientes de ajo picados fino

50 g de lentejas coloradas

2 cdas de puré de tomate

700 ml de agua hirviendo

10 g de caldo deshidratado de verduras

100 g de lentejas verdes

Sal y pimienta negra recién molida

Jugo de 2 limas grandes

3 cdas de hojas de cilantro picadas y 100 g de yogur natural, para servir

Aceite de oliva para decorar

Caliente el aceite en una cacerola, añada la zanahoria, el apio, la cebolla y el ajo. Cocine 5 minutos.

Luego sume las lentejas, el puré de tomate, el agua hirviendo y el caldo deshidratado. Lleve a hervor. Baje el fuego y cocine hasta que las lentejas y los vegetales estén hechos, más o menos 30 minutos.

Mientras tanto, coloque las lentejas verdes en otra sartén y cubra con agua fría. Haga hervir y siga cocinando hasta que estén tiernas, pero no deshechas. Cuele y enjuague con un chorro de agua fría.

Cuando la sopa esté hecha, deje que se enfríe un poco y pásela a una licuadora. Procese hasta obtener un puré homogéneo. Luego vuelva a la cacerola. Si el puré está muy espeso, agregue un poco de agua hirviendo. Verifique los condimentos, vuelque el jugo de lima y revuelva bien.

Para servir, coloque las lentejas verdes en 4 bols. Cubra con la sopa caliente, un poco de cilantro fresco y una cucharada de yogur, incorporada a último momento. Puede decorar con unas gotas de aceite de oliva.

PORCIONES: 6-8
PREPARACIÓN: 20min,
más 2-4 horas de
marinada
COCCIÓN: 5-6 horas

PALETA DE CERDO CON SALSA BARBACOA

No puedo pedir disculpas por el tiempo que le llevará hacer esta receta porque realmente vale la pena.

750 g de paleta de cerdo

Para la mezcla de especias

1 cda de sal marina

1 cdta de páprika

1 cda de ajo en polvo

1 cdta de sal de apio

1 cda de orégano molido

1 cda de tomillo molido

2 cdas de pimienta negra molida

Para la marinada

500 ml de vinagre de sidra

Jugo de 4 limones grandes

Para el acompañamiento de repollos

1 repollo colorado pequeño cortado en rodajas muy finas

2 zanahorias chicas cortadas en rodajas muy finas

1 cebolla morada cortada en rodajas muy finas

4 cdas de hojas de cilantro picadas

1 mango cortado irregularmente en trozos pequeños

Jugo de 4 limas

3 cdas de miel de caña

1 cda de aceite de sésamo

2 cdas de salsa de soja

1 pizca de ají en polvo

6 cdas de aceite de oliva

Sal y pimienta negra recién molida

Combine todos los ingredientes de la mezcla de especias en un bol chico. Combine los ingredientes de la marinada en una jarra.

Coloque el cerdo en una asadera. Frote bien con la mezcla de especias y deje reposar dos horas como mínimo (y cuatro horas como máximo). Caliente la parrilla, haga suficiente cantidad de brasa como para una cocción prolongada y cocine a fuego suave durante 5 o 6 horas. Si prefiere cocinar el cerdo en el horno, precaliéntelo a 180°C y cocine durante 2 horas. Vuelque un par de cucharadas de marinada sobre la carne cada 30 minutos.

Mientras el cerdo se cocina, prepare el acompañamiento de repollo: ubique las verduras, el cilantro y el mango en un bol y mezcle bien. En un cuenco, bata los ingredientes líquidos con el ají en polvo y vierta sobre las verduras y el mango cuando se hayan emulsionado bien. Reserve 20 minutos para que los ácidos de la vinagreta trabajen sobre los vegetales crudos.

Para probar el punto del cerdo, inserte un cuchillo largo en la parte más gruesa: debería derramarse un jugo rosado en abundante cantidad (debido a la cocción prolongada). Retire del fuego y envuelva en papel de aluminio hasta que esté listo para servir.

CORDERO EN COCCIÓN LENTA AL ESTILO INDIO

PORCIONES: 4-6
PREPARACIÓN: 30min
COCCIÓN: 4-6 horas en olla de cocción lenta, 4 horas en el horno

Este es un gran plato para cocinar en una olla de cocción lenta: simplemente vuelque todos los ingredientes y se cocinarán solos; la buena comida no puede ser más simple que esto. Si no tiene una olla de cocción lenta, siga el mismo método con una cacerola resistente al horno y cocine tapado a 80°C durante 4 horas.

2 cdas de aceite de oliva

1 cda de coriandro molido

½ cdta de ají molido

1 cdta de cúrcuma

1 cdta de canela molida

6 vainas de cardamomo machacadas

2 dientes de ajo picados fino

2 cebollas medianas picadas

1 cda de raíz de jengibre picada

700 g de carne de cordero cortada en cubos

125 ml de agua hirviendo

10 g de caldo deshidratado de gallina

Sal y pimienta negra recién molida

6 cdas de crema de leche

2 tomates picados

2 cdas de hojas de cilantro picadas

Arroz basmati cocido, para servir

Caliente aceite en una cacerola de fondo pesado. Incorpore las especias y cocine 2-3 minutos, hasta que hayan soltado su aroma, pero no se quemen.

Sume el ajo, las cebollas y el jengibre. Cocine a fuego suave 3-4 minutos, revolviendo para se impregnen bien de especias y aceite. Luego incorpore el cordero, el agua y el caldo deshidratado, sazone con sal y pimienta.

Coloque la cacerola sobre un difusor y, siempre a fuego suave, cocine 4-6 horas.

Cuando el cordero esté bien tierno, retire con una espumadera los restos de cocción que subieron a la superficie. Revuelva bien, añada la crema, los tomates y el cilantro.

Verifique los condimentos y sirva con arroz basmati cocido.

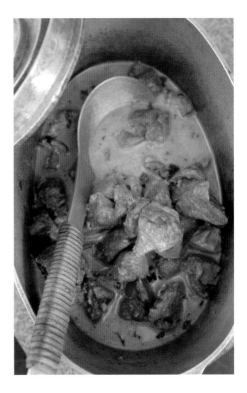

POLLO BRASEADO CON CEBOLLAS CARAMELIZADAS

PORCIONES: 4-6
PREPARACIÓN: 20min
COCCIÓN: 1 hora 20min

La técnica de cocción para este ave es en realidad mitad braseado y mitad asado: la carne se cocina a fuego mínimo en una asadera cubierta. Pero primero me gusta sellar el pollo con un poco de vino y un montón de saborizantes como limón y tomillo. Las cebollas caramelizadas funcionan como un acompañamiento original.

1 pollo de 1,25 kg

1 limón cortado en mitades

600 g de cebollas baby peladas

1 atado de tomillo

125 ml de vino blanco seco

10 g de caldo deshidratado de gallina

3 cdas de aceto balsámico

2 cdtas de azúcar impalpable

100 g de manteca cortada en cubos

2 cdas de fécula de maíz

4 cdas de agua

Sal y pimienta negra recién molida

Puré de papas, para servir

Caliente el horno a 180°C.

Coloque el limón en mitades dentro de la cavidad del pollo. Meta el pollo en una cacerola grande, sin asas ni manija de plástico, que pueda ir al horno.

Disponga las cebollas alrededor del pollo junto con el tomillo, el caldo, el vinagre, el azúcar, la manteca y los condimentos.

Lleve a hervor a fuego lento. Cuando el líquido comience a burbujear cubra y cocine en horno precalentado 1 hora.

Cuando el pollo esté hecho, retírelo junto al tomillo.

Reduzca el fondo de cocción del pollo unos 10 minutos, o hasta que haya tomado una consistencia espesa.

Mezcle la fécula de maíz y el agua en una taza hasta formar una pasta consistente. Agregue la pasta al fondo de cocción y revuelva hasta que la salsa esté espesa. Sirva el pollo entero o en presas en una fuente con la salsa de cebollas al costado. A mí me encanta acompañar esto con puré.

PORCIONES: 4
PREPARACIÓN: 15min
COCCIÓN: 25min

RISOTTO DE PUERRO Y LIMÓN

Lo que me gusta del risotto es que se trata de una comida completa que cabe en un bol. Además se le puede añadir casi cualquier cosa y va a quedar bien. El secreto es no cocinar de más el arroz para que quede con una consistencia similar a una sopa. Las sobras pueden aprovecharse para hacer *arancini* (ver página 131).

6 cdas de aceite de oliva

1 cebolla chica picada fino

2 dientes de ajo picados fino

1 puerro cortado en tiras finas

300 g de arroz arborio

100 ml de vino blanco

10 g de caldo deshidratado de vegetales

600 ml de agua hirviendo

150 g de queso parmesano rallado

2 cdas de hojas de albahaca fresca picadas

Cáscara de 1 limón cortada en tiritas

25 g de manteca

Sal y pimienta negra recién molida

Queso parmesano rallado, para servir

Caliente 2 cucharadas de aceite de oliva en una sartén pequeña, agregue el ajo y la cebolla y cocine 10 minutos, hasta que estén suaves.

Caliente el aceite restante en otra sartén y agregue el puerro. Condimente con sal y pimienta. Saltee 4-5 minutos, revolviendo constantemente, hasta que esté hecho. Retire y deje reposar en un colador para que pierda el exceso de aceite.

Vierta el arroz a la sartén con el ajo y la cebolla. Revuelva para que todos los granos de arroz queden sellados e impregnados de aceite. Luego vuelque el vino blanco y reduzca hasta que se haya casi evaporado.

Espolvoree el caldo deshidratado sobre el arroz y añada el agua hirviendo de a un cucharón por vez, cuidando que el arroz absorba toda el agua antes de incorporar el siguiente cucharón. Cocine a fuego moderado 12-15 minutos, o hasta que el risotto tenga la consistencia de una sopa espesa. Pruebe el arroz (va a estar al dente, o sea que va a presentar una pequeña resistencia para masticarlo al principio) y condimente bien. Cuando el risotto adquiera su consistencia y textura preferida, incorpore el queso, el puerro cocido, la albahaca, la cáscara de limón y la manteca. Cubra y deje reposar 5 minutos.

Si pasado este tiempo la preparación es demasiado espesa para su gusto, añada un poquito de agua hirviendo. Sirva en bols hondos con queso parmesano rallado.

ENSALADAS, ADEREZOS & TAPAS

LAS RECETAS: ENSALADA DE FUSILLI CON ARVEJAS Y MOZZARELLA / ENSALADA DE BERENJENAS CON PESTO DE ALMENDRAS / ENSALADA DE RÚCULA, NARANJA Y REMOLACHAS / MONDONGO MARINADO CON TOMATES CHERRY / ENSALADA AGRIPICANTE DE REPOLLO Y PAPAYA / ENSALADA DE ALCAUCIL Y AVELLANAS / TAPENADE DE HONGOS, PANCETA Y AJO / ENSALADA FÁCIL DE ACHICORIA, HIGOS Y NARANJA / ENSALADA AGRIDULCE DE TAMARINDO Y PEPINO / ENSALADA DE CHORIZO, CEBOLLA MORADA Y POROTOS / ENSALADA TIBIA DE ATÚN, COLIFLOR Y PÁPRIKA / VINAGRETA FRESCA DE MEJILLONES CON CEBOLLAS MORADAS Y TOMATES / ADEREZO DE TOMATES AL HORNO Y ALBAHACA / ADEREZO DE MIEL Y MOSTAZA PARA ENSALADAS / ADEREZO DE NARANJA / ADEREZO ESPECIADO DE YOGUR Y MIEL DE CAÑA / ADEREZO DE AJO Y CORIANDRO / ADEREZO FRANCÉS CLÁSICO / PESTO DE CASTAÑAS, QUESO DE CABRA Y PEREJIL / SALSA DE TOMATES CHERRY Y PALTA / TAPENADE DE CALABAZA, PIMIENTOS Y RÚCULA / DIP VERANIEGO DE TOMATES / ESPÁRRAGOS GRILLADOS CON PURÉ DE ACEITUNAS / PESTO FRESCO DE CORIANDRO / PESTO DE LIMÓN ASADO Y AJO

PORCIONES: 4
PREPARACIÓN: 15min
COCCIÓN: 15min

ENSALADA DE FUSILLI CON ARVEJAS Y MOZZARELLA

La idea de este plato es: poco fuego, fácil de preparar, fresco y realmente distinto. Además la versatilidad de las arvejas, que funcionan bien tanto en ensaladas como en sopas y aderezos, se destacan los fideos. Puede incorporar un poco de queso fresco cortado en cubos a la salsa si lo desea, pero incorpórelo solo en el último minuto, para que no se derrita. El jugo de limón realza los sabores del plato. Nuevamente: agréguelo en el momento de servir, porque si no el vibrante color verde de las arvejas desaparecerá.

500 g de fusilli aptos para celíacos
250 g de arvejas
2 cdas de aceite de oliva
1 cda de mostaza de Dijon apta para celíacos
150-200 ml de caldo de verduras*
3 cdas de hojas de salvia picadas
1 radicchio pequeño cortado en tiras finas
50 g de hojas de espinaca

Sal y pimienta negra
300 g de mozzarella o queso fresco, en cubos
Jugo de ½ limón

Cocine la pasta siguiendo las instrucciones del paquete hasta que esté tierna, cuele y reserve tapada en un plato caliente.

Blanquee las arvejas en agua hirviendo con sal, 1-2 minutos. Cuele y reserve.

Vuelque la mitad de las arvejas en una licuadora o procesadora de alimentos y procese junto con el aceite de oliva y la mostaza hasta combinar los ingredientes. Gradualmente vierta el caldo de verduras, hasta lograr un puré homogéneo.

Añada el radicchio, la salvia, la espinaca y el resto de las arvejas a la pasta. Revuelva y derrame la salsa de arvejas caliente. Sazone y mezcle bien.

Cubra con la mozzarella en dados, el jugo de limón y espolvoree pimienta negra recién molida. Sirva.

* Prepare el caldo usando la mitad de agua especificada en las instrucciones del envase.

ENSALADA DE BERENJENAS CON PESTO DE ALMENDRAS

PORCIONES: 4
PREPARACIÓN: 20min
COCCIÓN: 25-30min

Encuentro un poco sosas a las berenjenas la mayor parte del tiempo. Siempre cobran el gusto de los ingredientes que uno usa para acompañarlas. Pero cuando se las trata correctamente, como en este ejemplo clásico, salen deliciosas. La combinación con sabores agrios y dulces, chiles, almendras y albahaca, las favorece.

Para las verduras asadas

12 papines cocidos y cortados en mitades

1 berenjena grande cortada en cubos de 1 cm

4 cdas de aceite de oliva

½ cdta de sal

½ cdta de pimienta negra molida grueso

2 cdtas de azúcar negra

2 cdas de pasta de tamarindo o jalea de membrillo

Para el pesto

2 dientes de ajo finamente picados

20 hojas de albahaca frescas

50 g de almendras enteras peladas y ligeramente

tostadas

6-8 cdas de aceite de oliva

1 cda de queso parmesano rallado

Para la ensalada

200 g de mozzarella cortada en dados de 1 cm

100 g de hojas verdes surtidas

200 g de chauchas cocidas y cortadas en mitades

12 tomates cherry en mitades

2 cdas de pasas de uva sin semilla

1 cdta de ají picante bien picado

sal y pimienta negra

Caliente el horno a 220°C.

Coloque la berenjena y los papines en una fuente para horno, vuelque el aceite y revuelva bien. Luego agregue la sal, la pimienta, el azúcar y la pasta de tamarindo o jalea de membrillo. Combine bien los ingredientes y cocine en horno precalentado 25-30 minutos, o hasta que estén tiernos.

Ponga todos los ingredientes del pesto en una procesadora de alimentos. Procese hasta que tenga una consistencia homogénea, pruebe los condimentos. Si estuviera muy espeso, agregue un poco más de aceite de oliva.

En una ensaladaera o bol grande combine los papines y la berenjena, luego agregue la mozzarella y las hojas verdes. Sume finalmente las chauchas, los tomates, las pasas de uva y el ají. Sazone bien, mezcle y divida en 4 platos. Sirva con una cucharada de pesto por plato.

PORCIONES: 4
PREPARACIÓN: 20min
COCCIÓN: 1 hora

ENSALADA DE RÚCULA, NARANJA Y REMOLACHAS

Me encantan las remolachas horneadas: el secreto está en no cortarles el tallo para que no pierdan su jugo durante la cocción. Las hojas también se pueden aprovechar en ensaladas: selecciónelas de remolachas bien pequeñas y lávelas muy bien.

6 remolachas medianas bien lavadas

1 naranja

2 cdas de vinagre de sidra

150 g de yogur natural

2 cdas de miel clara

2 echalotes pequeños cortados en rodajas

2 cabezas de achicoria cortados en tiras

50 g de rúcula

Hojas de remolacha bien lavadas

Sal y pimienta fresca recién molida

Caliente el horno a 200°C., envuelva las remolachas en papel de aluminio y coloque en una placa para horno.
Cocine las remolachas 45-60 minutos, o hasta que un cuchillo las traspase sin resistencia. Una vez que las remolachas estén cocidas, retire del horno y deje enfriar 15 minutos.

Ralle la cáscara de naranja y coloque en un bol. Vuelque el vinagre de sidra, los condimentos y bata bien. Luego exprima la naranja en otro bol.

Quite el papel de aluminio a las remolachas, la piel se desprenderá fácilmente gracias a la acción del vapor producido en la cocción. Corte los tallos y las colas de la remolacha, luego corte cada remolacha en 5-6 gajos e incorpore a la mezcla de cáscara de naranja; mezcle bien.

Combine el yogur, la miel, sal y pimienta; añada el jugo de naranja. Cubra con esta mezcla las remolachas y sirva en una ensaladera junto con la achicoria y los echalotes, agregue la rúcula y las hojas de remolacha después de revolver bien.

MONDONGO MARINADO CON TOMATES CHERRY

PORCIONES: 2
PREPARACIÓN: 10mins, más 2 horas para marinar
COCCIÓN: ninguna

El mondongo me recuerda a la infancia. Lo comprábamos en un negocio en Abingdon Street en Blackpool y lo comíamos con pickles de cebollas y abundante pimienta y sal. Esta receta moderniza al humilde mondongo. No deje de probarla.

200 g de mondongo, limpio y cocido

2 echalotes, picados fino

1 ají picante, sin semillas y picado fino

2 cdas de vinagre de jerez

1 cda de azúcar impalpable

2 dientes de ajo, picados

4 tomates cherry

1 cda de aceite de oliva

Sal y pimienta negra recién molida

Corte el mondongo en cuadrados de 2 cm. En un bol mediano, mezcle juntos los echalotes, el ají, vinagre, azúcar y ajo. Añada los tomates, el mondongo y el aceite de oliva, cubra y enfríe en la heladera durante 2 horas. Sirva la ensalada fría.

ENSALADA AGRIPICANTE DE REPOLLO Y PAPAYA

PORCIONES: 4
PREPARACIÓN: 25min, más 2 horas como mínimo para marinar
COCCIÓN: ninguna

La mezcla de sabores dulces y agrios de esta receta me fascina. Si puede comerla al día siguiente, mejor: los vegetales se ablandarán y sus sabores se intensificarán.

½ repollo colorado cortado en rodajas finas

2 cebollas moradas cortadas en rodajas finas

50 g de raíz de jengibre fresca picada fino

1 ají picante picado fino

100 g de chauchas cortadas en diagonal

Jugo y cáscara rallada de 4 limas

2 cdas de azúcar negra

2 cdas de pasta de tamarindo o jalea de membrillo

8 cdas de aceite de girasol

1 papaya, sin semillas, cortada en mitades y luego en tiras finas

4 cdas de hojas de albahaca picadas

Sal y pimienta negra recién molida

Pechuga de pollo en tiras o pescado grillado, para servir.

Coloque el repollo, las cebollas, el jengibre, el ají picante y las chauchas en un bol y mezcle bien. Prepare el aderezo: bata juntos el jugo y la cáscara de lima, el azúcar, la pasta de tamarindo, el aceite de oliva, sal y pimienta. Vierta el aderezo sobre la ensalada y mezcle bien para combinar los ingredientes. Cubra y deje marinar 2 horas, o toda la noche, si fuera posible. Una vez marinada, revuelva bien la ensalada, añada la papaya y la albahaca fresca. Sirva con tiras de pechuga de pollo, pescado grillado o un par de huevos duros.

ENSALADA DE ALCAUCIL Y AVELLANAS

PORCIONES: 4
PREPARACIÓN: 15min
COCCIÓN: ninguna

Una ensalada simple y sencilla, hecha con ingredientes de la alacena; pero muy agradable para comer.

500 g de corazones de alcaucil frescos, cocidos (o en conserva, enjuagados y escurridos)

100 g de avellanas tostadas picadas grueso

100 g de queso de cabra firme en cubos de 1 cm

4 cdas de aceite de oliva

Jugo de ½ limón

2 cdas de vinagre de jerez

½ lechuga arrepollada cortada en rodajas finas

Coloque los corazones de alcaucil, las avellanas y el queso de cabra en una ensaladera grande. Mezcle. Añada el aceite de oliva y el vinagre y revuelva para que los ingredientes se impregnen bien. Sazone. Incorpore la lechuga justo antes de servir.

TAPENADE DE HONGOS, PANCETA Y AJO

PORCIONES: 4-6
PREPARACIÓN: 15min
COCCIÓN: 30min

Funciona como dip, como cobertura para una bruschetta o como relleno para pechugas de pollo y carré de cerdo o hasta para un pescado entero, como trucha o corvina.

100 g de panceta picada fino

3 cdas de aceite de oliva

1 cebolla chica cortada en rodajas finas

1-2 pizcas de ají molido

2 cdas de aceto balsámico

3 dientes de ajo aplastados

250 g de champiñones cortados en rodajas finas

100 ml de leche

½ cdta de tomillo seco

2 cdas de hojas de perejil picadas

50 g de hojas de albahaca picadas

jugo de limón a gusto

Sal y pimienta negra

Cocine la panceta en aceite de oliva durante 10 minutos, o hasta que esté tostada. Añada la cebolla, el ají molido, el vinagre y el ajo y saltee otros 10 minutos. Agregue los champiñones, la leche y el tomillo y siga salteando 10 minutos más. Sume la albahaca y el perejil y cocine hasta que estén apenas achicharradas, esto ocurrirá cuando la salsa alcance la ebullición. Sazone bien. Retire del fuego y deje enfriar un poco. Luego vuelque en una procesadora de alimentos y procese hasta que se forme un puré espeso. Coloque en un bol y condimente con sal, pimienta y jugo de limón. Sirva frío.

PORCIONES: 4
PREPARACIÓN: 10mins
COCCIÓN: ninguna

ENSALADA FÁCIL DE ACHICORIA, HIGO Y NARANJA

Mi filosofía es que, en la cocina, menos es más. Esta receta es un perfecto ejemplo de eso. Si no consigue higos, una pera cortada en seis puede ser un buen reemplazo. Esta ensalada se debe preparar apenas unos momentos antes de servir.

2 naranjas

75 ml de jugo de naranja

40 ml de aceite de oliva extra virgen

1 cdta de vinagre de vino tinto

30 g de mostaza de Dijon

2 lechugas chicas cortadas en mitades

2 cabezas de achicoria

75 g de rúcula

60 g de queso parmesano cortado en láminas

4 higos maduros cortados en 6

Sal y pimienta negra

Ralle la cáscara de una de las naranjas. Pele y corte las naranjas en 12-14 gajos.

Prepare el aderezo: bata juntos el jugo y la cáscara de naranja, el aceite, el vinagre y la mostaza. Añada sal y azúcar a gusto.

Divida la lechuga en 4 bols.

Corte la achicoria en rodajas, luego divida entre los platos y cubra con rúcula, gajos de naranja, láminas de parmesano e higos.

Vierta 3 cucharadas del aderezo, un poco de pimienta negra y sirva de inmediato.

ENSALADA AGRIDULCE DE TAMARINDO Y PEPINO

PORCIONES: 4
PREPARACIÓN: 50min para congelar, más 30min para hidratar
COCCIÓN: 10-15min

Esta ensalada fresca va bien con pescado cocido o pollo hervido. La clave acá es cortar las rodajas de pepino en láminas delgadísimas. Esto se puede lograr metiendo el pepino en el freezer unos minutos y luego cortando con un cuchillo afilado. Esta técnica les da una textura casi traslúcida a las rodajas de pepino, que queda muy bien. El alga kombu, que se consigue en supermercados especializados en ingredientes orientales, como todos los ingredientes de esta receta, puede reemplazarse por láminas de alga nori tostadas.

2 pepinos grandes
25 g de alga kombu (opcional)
4 cdas de vinagre de arroz
3 cdas de pasta de tamarindo o jalea de membrillo
2 cdas de mirin
3 cdas de salsa de soja
1 cda de azúcar impalpable

2 cdas de aceite de oliva
1 cda de semillas de cebolla negra*
1 cda de pickles de jengibre picados
Sal y pimienta negra

Coloque los pepinos en el freezer hasta que estén sólidos. Luego retírelos y deje que se descongelen. Sumerja el alga kombu en una cacerola con agua fría durante 30 minutos.

Seque los pepinos con un repasador limpio y corte en tiras finas. Espolvoree una cucharada de sal sobre las tiras de pepino, mezcle bien y deje en un colador durante 20 minutos, hasta que hayan soltado su jugo.

Mientras tanto, lleve a hervor el agua de la cacerola con el alga kombu y cocine a fuego lento hasta que esté tierna pero ligeramente crocante. Seque bien y corte en tiras delgadas.

Enjuague las tiras de pepino para quitarles el exceso de sal, seque otra vez y mezcle con las tiras de alga.

Prepare el aderezo: combine el resto de los ingredientes, sazone, luego derrame sobre la ensalada. Mezcle bien.

Deje reposar 20 minutos, luego sirva.

* También llamadas "comino negro". Se usan en la cocina india. Puede conseguirlas en supermercados especializados en productos asiáticos.

ENSALADA DE CHORIZO, CEBOLLA MORADA Y POROTOS

PORCIONES: 4-6
PREPARACIÓN: 15min
COCCIÓN: 10min

Esta es una ensalada colorida y muy simple, cuyo secreto es usar chorizos colorados: es el maravilloso aceite naranja que sueltan en la cocción lo que da el sabor tan particular al plato terminado.

Para la ensalada

250 g de chorizo colorado apto para celíacos, cortado en rodajas

2 cdas de aceite de oliva

1 cebolla morada cortada en rodajas finas

4 cdas de hojas de perejil picadas

850 g de porotos pallares cocidos

20 tomates cherry

Para el aderezo

2 dientes de ajo machacados

1 cda de jugo de limón

5 cdas de vinagre de jerez

8 cdas de aceite de oliva extra virgen

Sal y pimienta negra recién molida

Galletas de arroz o pan esponjoso de parmesano

Caliente una sartén grande. Agregue el chorizo colorado y dore a fuego lento 2-3 minutos, para que el chorizo suelte su aceite. Retire del fuego y conserve caliente.

Añada el aceite de oliva a la misma sartén y saltee las cebollas hasta que estén tiernas.

Mientras tanto, coloque el perejil, los porotos y los tomates en un bol grande. Sume el chorizo y las cebollas y revuelva bien.

Combine el ajo, jugo de limón, vinagre y aceite. Espolvoree con un poco de sal y pimienta. Vierta el aderezo sobre la ensalada. Sirva en bols profundos con galletas de arroz o pan esponjoso de parmesano.

.

PORCIONES: 4
PREPARACIÓN: 10min
COCCIÓN: 15min

ENSALADA TIBIA DE ATÚN, COLIFLOR Y PAPRIKA

La combinación de ingredientes de esta ensalada puede parecer extraña, pero funciona. Yo uso atún fresco apenas sellado, pero cualquier pescado de carne firme puede funcionar bien.

Para la ensalada

4 cdas de aceite de oliva

1 cebolla grande picada fino

½ cdta de páprika ahumada

300 g de coliflor con sus grumos separados

125 ml de vino blanco seco

30 g de piñones (o almendras) tostados

65 g de pasas de uva hidratadas

Sal y pimienta blanca

Para el atún

2 cdas de aceite vegetal

4 filetes de atún de aprox. 120 g c/u

Pizca de granos de pimienta negra machacados

Arroz basmati, chauchas cocidas al vapor y gajos de lima, para servir

Caliente el aceite en una sartén, agregue la cebolla y la páprika y cocine 5 minutos.

Agregue los grumos de coliflor y el vino blanco, sazone bien y luego cubra. Baje el fuego y cocine 5 minutos, o hasta que el coliflor esté hecho, pero no demasiado tierno.

Quite la tapa a la sartén y sume los piñones (o almendras) y las pasas de uva.

Para cocinar el pescado, caliente aceite en otra sartén a fuego moderado. Espolvoree los filetes con pimienta negra, luego selle de ambos lados en la sartén, no más de 30 segundos por lado: la idea es que el pescado se mantenga todavía crudo en el centro si está bien fresco.

Arme el plato: ubique el coliflor y las pasas al costado, disponga un poco de arroz basmati en el centro y cubra con chauchas. Monte los filetes de pescado y decore con gajos de lima.

VINAGRETA FRESCA DE MEJILLONES CON CEBOLLAS MORADAS Y TOMATES

PORCIONES: 4
PREPARACIÓN: 15min
COCCIÓN: 10min

De mi infancia, recuerdo a mi padre consumiendo grandes cantidades de mariscos. Sus favoritos eran los caracoles, con mucho vinagre, sal y pimienta. De él me viene el gusto por los mariscos, y este plato también es parte de mis memorias infantiles, aunque modernizado con los tomates y la cebolla morada.

Para el caldo de pescado

600 g de mirepoix de verduras (partes iguales de apio, zanahoria, puerro y cebolla cortadas en pequeños dados)

1 kg de recortes de pescado (puede usar cabezas de langostino, cabezas y espinazos de pescado, algún pescado barato entero, pero no utilice nunca vísceras)

10 granos de pimienta negra

Hojas de perejil e hinojo, a gusto

Agua, cantidad necesaria

Para la vinagreta

100 ml de vino blanco

1 kg de mejillones frescos

4 cdas de aceite de oliva

1 cebolla morada pequeña cortada en rodajas finas

1 morrón colorado cortado en cubos pequeños

2 dientes de ajo picados fino

6 tomates perita grandes, maduros y cortados en cubos de 1 cm

2 cdas de hojas de perejil picadas

2 cdas de vinagre de vino tinto

Sal y pimienta negra molida

Prepare el caldo de pescado: lleve a ebullición todos los ingredientes. Luego reduzca el fuego y cocine 45 minutos sin tapar. Cuele y reserve.

Luego cocine los mejillones: disponga 200 ml del caldo de pescado, el vino blanco y los mejillones en una cacerola grande. Lleve a ebullición y tape.
Siga cocinando los mejillones 6-8 minutos, revolviendo ocasionalmente. Vigile el punto de los mejillones, si se cocinan de más se pondrán duros. Cuando estén hechos, descarte aquellos que no hayan abierto sus valvas.

Coloque los mejillones en un colador, quite con cuidado la carne de las valvas y chequee que no hayan quedado adheridas partículas de arena.
Caliente el aceite en una sartén. Agregue la cebolla, el morrón y el ajo y saltee hasta que estén apenas tiernos, unos 3-4 minutos. Monte en una fuente: disponga los mejillones, los tomates, el perejil y el vinagre y condimente a gusto. Mezcle bien. Rectifique el condimento si hiciera falta. Puede servir inmediatamente o bien frío.

ADEREZO DE TOMATES AL HORNO Y ALBAHACA

Para este aderezo de sabor potente prefiero cocinar los tomates al horno. Su gusto se con potencia con el de la mostaza de grano entero.

2 cdtas de mostaza de grano entero

2 cdas de vinagre de vino blanco

250ml de aceite vegetal neutor

200 g de tomates al horno, picados grueso

2 puñados de albahaca fresca, picada grueso

Sal y pimienta negra recién molida

Coloque la mostaza y el vinagre en un bol pequeño y profundo. Sazone y mezcle bien. Añada gradualmente el aceite en un chorro constante, batiendo bien. Finalmente, agregue los tomates horneados y la albahaca antes de servir.

ADEREZO DE MIEL Y MOSTAZA PARA ENSALADAS

RINDE: aprox 250ml
PREPARACIÓN: 5min
COCCIÓN: ninguna

Este es uno de mis aderezos para ensalada favoritos: tiene sabores simples y bien definidos, que funcionan bien con verduras y con carne.

1 cda de mostaza de Dijon

1 cdta de mostaza en grano

1 cda de miel

4 cdas de vinagre de sidra

150 ml de aceite de oliva de buena calidad

sal y pimienta negra

Combine las mostazas, la miel, el vinagre y los condimentos. Agregue el aceite de oliva en un fino chorro, sin dejar de batir, hasta que haya emulsionado. Pruebe, quizás haga falta más miel o vinagre. Conserve en la heladera y sirva a temperatura ambiente.

PORCIONES: 4
PREPARACIÓN: 10min
COCCIÓN: ninguna

ADEREZO DE NARANJA

Las verduras de hoja y los pescados combinan bien con el ácido de este aderezo. Si lo encontrara muy ácido, siempre puede añadir azúcar o miel. A la inversa, puede reducir la cantidad de naranja y poner más jugo de lima o de pomelo para más astringencia.

1 cda de mostaza en grano

150 ml de jugo de naranja

50 ml de aceite de oliva

3 cdas de hojas de albahaca picadas

3 cdas de hojas de eneldo picadas

3 cdas de hojas de perejil picadas

Sal y pimienta negra

Coloque la mostaza y el jugo de naranja en un bol pequeño. Sazone y mezcle bien. Gradualmente agregue el aceite en un chorro fino, sin dejar de batir.

Finalmente, incorpore las hierbas solo 5 minutos antes de servir, para que mantengan el brillo de su color verde.

PORCIONES: 4
PREPARACIÓN: 10min
COCCIÓN: ninguna

ADEREZO ESPECIADO DE YOGUR Y MIEL DE CAÑA

Esto se puede usar como salsa para pincelar carnes de cerdo o de pollo recién salidas del horno o como aderezo para una ensalada de lechuga.

2 cdtas de mostaza de Dijon
2 dientes de ajo machacados
2 cdas de vinagre de vino blanco
3 cdas de miel de caña
1 pizca de ají molido

100 ml de aceite de oliva extra virgen
175 ml de yogur natural
Jugo de ½ limón
Sal y pimienta negra

Coloque la mostaza, el ajo, el vinagre, la miel de caña y el ají molido en un bol; condimente y mezcle bien. Añada el aceite en un chorro fino, sin dejar de batir. Finalmente, sume el yogur y el jugo de limón y bata nuevamente. Verifique los condimentos y la consistencia: si quedó muy espeso puede rebajar el aderezo con un poco de agua.

PORCIONES: 4
PREPARACIÓN: 10min
COCCIÓN: ninguna

ADEREZO DE AJO Y CILANTRO

Use este aderezo con pescado al vapor y, por supuesto, con ensaladas de verdura.

1 cda de mostaza de Dijon
3 cdas de vinagre de vino blanco
1 diente de ajo picado fino
6 cdas de aceite de oliva

4 cdas de hojas de cilantro picadas
sal y pimienta fresca

En un bol pequeño mezcle el vinagre, el ajo y la mostaza. Sazone y una bien. Añada un poco de agua y revuelva otra vez, luego vierta el aceite en un chorro fino, sin dejar de batir, hasta que emulsione. Verifique la consistencia: si estuviera muy espesa, rebaje con un poco de agua. Incorpore las hojas de cilantro 5 minutos antes de servir.

ADEREZO FRANCÉS CLÁSICO

PORCIONES: 4
PREPARACIÓN: 10min
COCCIÓN: ninguna

Para una ensalada tibia de papas o una simple combinación de hojas verdes y tomate.

2 cdtas de mostaza de Dijon

2 cdtas de vinagre de vino blanco

6 cdas de aceite vegetal neutro

2 echalotes, o 1 cebolla pequeña, picados

Sal y pimienta negra molida

En un bol pequeño mezcle la mostaza y el vinagre. Agregue el condimento. Vierta el aceite de oliva en un chorro fino, batiendo continuamente hasta que emulsione. Incorpore la cebolla o los echalotes. Revuelva antes de servir.

El aderezo puede emulsionar o no; personalmente, me gusta disfrutarlo cada tanto con sus ingredientes líquidos y sólidos un poco separados.

PESTO DE CASTAÑAS, QUESO DE CABRA Y PEREJIL

PORCIONES: 4
PREPARACIÓN: 10min
COCCIÓN: ninguna

En mi opinión, esta combinación de sabores funciona muy bien. Pruébelo con pasta libre de gluten, como tagliatelle, o con cualquier pescado o carne grillada.

60 g de espinaca

60 g de queso de cabra (cuanto más firme mejor)

50 g de queso parmesano

4 cdas de hojas de albahaca fresca picada

50 g de castañas o avellanas

30 g de piñones (o almendras)

½ cda de azúcar

4 cdas de aceite de oliva

Chorro de jugo de limón, para servir

Sal y pimienta negra

Coloque la espinaca, los quesos, la albahaca, las castañas o avellanas, los piñones, el azúcar y un poco de sal y pimienta en una procesadora de alimentos. Procese hasta lograr una salsa espesa. Vuelva a encender la procesadora y vierta el aceite en un chorro fino, procesando hasta lograr la consistencia deseada. Sirva en un bol, luego de verificar los condimentos, y cubra con unas gotas de jugo de limón.

PORCIONES: 4
PREPARACIÓN: 10min,
más 30min de frío
COCCIÓN: ninguna

SALSA DE TOMATES CHERRY Y PALTA

Me encanta la simpleza de este plato realmente sabroso. Combina bien con galletas sin gluten, pasta y pescados o pollo grillados.

½ cebolla pequeña picada fino

1 ají picante sin semillas y picado

2 dientes de ajo picados

2 cdtas de azúcar impalpable

1 palta madura cortada en cubos

2 cdas de vinagre de jerez

15 tomates cherry cortados en cuartos

3 cdas de hojas de cilantro picadas

Sal y pimienta negra

Mezcle la cebolla, el ají, el ajo y el azúcar: sazone bien. Agregue la palta, el vinagre, los tomates y el cilantro y mezcle bien. Enfríe 30 minutos, revolviendo ocasionalmente. Pruebe y rectifique los condimentos si hiciera falta.

PORCIONES: 4-6
PREPARACIÓN: 20min
COCCIÓN: 30min

TAPENADE DE CALABAZA, PIMIENTOS Y RÚCULA

El color y el sabor de esta tapenade me fascinan. Es deliciosa como dip para untar tostadas o como salsa para acompañar pastas o arroz.

400 g de zapallo o calabaza cortados en trozos pequeños

1 cebolla morada cortada en rodajas finas

3 dientes de ajo

8 cdas de aceite de oliva

3 cdas de aceto balsámico

2 cdtas de azúcar impalpable

¼ cdta de ají molido

50 g de rúcula

Sal y pimienta negra

Caliente el horno a 220°C. Coloque el zapallo, la cebolla, el ajo, 4 cucharadas del aceite, el aceto balsámico, el azúcar y el ají molido juntos en un bol y mezcle bien. Sazone con sal y pimienta. Derrame esta mezcla en una asadera. Cocine 25-30 minutos hasta que la preparación tenga un profundo color tostado y los vegetales estén tiernos. Lleve a una procesadora de alimentos y procese para combinar los ingredientes. Luego agregue las 4 cucharadas de aceite restantes y procese hasta lograr un puré homogéneo. Sirva frío o caliente.

DIP VERANIEGO DE TOMATES

PORCIONES: 4-6
PREPARACIÓN: 10min
COCCIÓN: 25-30min

Disfruto mucho este tipo de salsas para untar pan y acompañar con un vaso o dos de vino blanco. Ésta es fácil de preparar y de cocinar y además se mantiene hasta una semana en la heladera. También puede usarse para acompañar hamburguesas o pescado en todas sus variantes de cocción. Y hasta funciona como adobo parrillero.

4 cdas de aceite de oliva

1 cebolla mediana picada fino

2 dientes de ajo picados grueso

200 g de tomates perita horneados y cortados en cubos

4 tomates redondos medianos picados

200 ml de jugo de tomate

2 cdas de azúcar moscabada, o azúcar negra

10 g de caldo deshidratado de verduras

2 cdas de fécula de maíz

50 g de piñones tostados

4 cdas de hojas de albahaca picadas

1-2 cdas de aceite de oliva

sal y pimienta negra

Caliente el aceite de oliva en una sartén mediana, añada la cebolla y el ajo y saltee 5-6 minutos para que se ablanden. Luego agregue los tomates horneados y los crudos, el jugo de tomate, el azúcar, el caldo deshidratado y 200 ml de agua; sazone y reduzca la preparación hasta que tenga la consistencia de una salsa espesa.

En una taza o bol pequeño, disuelva la fécula de maíz con 2 cucharadas de agua fría. Añada a la salsa y lleve a hervor revolviendo constantemente para que se espese en forma pareja. Cuando alcance este punto retire la salsa del fuego y deje enfriar.

Verifique la sazón y rectifique si hiciera falta; vuelque después los piñones, la albahaca y suficiente aceite de oliva para que el dip no quede muy espeso. Eso es todo. Sirva con galletas de arroz y un vaso helado de vino blanco seco.

PORCIONES: 4
PREPARACIÓN: 20min
COCCIÓN: 15min

ESPÁRRAGOS GRILLADOS CON PURÉ DE ACEITUNAS

Consuma los espárragos en su momento justo, cuando están en estación: no hay nada como su sabor, del que esta receta saca, a mi entender, todo el provecho.

Para el puré

450 g de papas

150 ml de leche tibia

75 g de manteca pomada

1 pizca de nuez moscada molida

20 aceitunas negras descarozadas y picadas

2 cdas de cebolla de verdeo picadas

sal y pimienta negra

Para el aderezo

½ cebolla pequeña finamente picada

1 cdta de mostaza de Dijon

3 cdas de aceto balsámico

5 cdas de aceite de girasol

Para los espárragos

20 tallos de espárragos

2 cdas de aceite de oliva

En una cacerola, hierva las papas en agua salada hasta que estén tiernas. Cuele y pise con la leche y la manteca; revuelva bien. Incorpore la nuez moscada, las aceitunas picadas y la cebolla de verdeo. Si la consistencia del puré está muy espesa, quizá quiera agregar un poco más de leche. Revuelva bien. Reserve tapado hasta el momento de servir.

Prepare el aderezo: bata juntos la cebolla, la mostaza y 2 cucharadas de agua fría. Sazone y luego vierta el aceite en un chorro fino, sin dejar de batir.

Caliente una plancha, pincele con aceite de oliva los tallos de espárrago y condimente.

Grille los espárragos 2-3 minutos por lado, para que tomen color y pierdan su firmeza.

Para servir, disponga una cucharada de puré en el centro de un plato caliente, ubique encima 5 tallos de espárrago y derrame unas gotas de aderezo. Tenga cuidado con pasarse en la cantidad de aderezo: ¡es muy fuerte! Un vaso de Sauvignon Blanc frío es la combinación perfecta para este plato.

PORCIONES: 4-6
PREPARACIÓN: 10min
COCCIÓN: ninguna

PESTO FRESCO DE CILANTRO

Los puristas de la cocina italiana podrán indignarse, pero esta variante de la clásica salsa de albahaca y ajo me parece increíble. Agregue el limón a último momento para no decolorar mucho las hojas de cilantro. Sirva con pasta, arroz, vegetales grillados o simplemente como un dip para untar pan.

50 g de piñones (o almendras)

2 echalotes o 1 cebolla chica picados fino

2 dientes de ajo picados fino

70 g de hojas frescas de cilantro

30 g de queso parmesano rallado

Una pizca de ají molido

80 ml de aceite de girasol

Sal y pimienta negra

½ limón, para servir

Caliente el horno a 200°C, coloque los piñones (o almendras) en una asadera y tueste hasta que estén ligeramente dorados. Esto intensificará su sabor. Deje a un lado para que se enfríen.

Vuelque los echalotes, el ajo, el cilantro, el queso parmesano, el ají molido, ½ cucharadita de pimienta molida y la sal en una procesadora de alimentos. Procese para combinar los ingredientes.

Luego agregue la cantidad necesaria de aceite de oliva mientras sigue procesando, hasta que el pesto tome la consistencia deseada.

Sirva en un bol y condimente a gusto. Agregue uno o dos chorros de jugo de limón para realzar los sabores justo antes de servir.

PESTO DE LIMÓN ASADO Y AJO

PORCIONES: 4-6
PREPARACIÓN: 20min
COCCIÓN: 20min

Steven Poole, un buen amigo mío, inventó esta receta luego de un viaje por Sicilia. Es rara, pero los sabores funcionan muy bien con carnes blancas asadas y pescados de carne firme a la parrilla.

2 limones grandes cortados en octavos

½ cebolla pequeña picada fino

7 cdas de aceite de oliva (aproximadamente)

¼ cdta de sal

¼ cdta de pimienta negra

2 cdas de azúcar impalpable

75 g de avellanas tostadas

2 dientes de ajo

4 cdas de hojas de albahaca picadas

2-3 cdas de jugo de limón

50 g de queso parmesano rallado

1 cda de azúcar

Sal y pimienta negra

Caliente el horno a 220° C.

En un bol grande mezcle los limones, la cebolla, 2 cucharadas de aceite de oliva, ¼ de sal, ¼ de pimienta y 1 cucharada de azúcar.

Disponga en una placa para horno antiadherente y cocine 15-20 minutos, o hasta que el limón tenga un color tostado y una consistencia tierna. Deje enfriar.

Cuando la preparación se haya enfriado totalmente, coloque en una procesadora de alimentos junto con las avellanas, el ajo, jugo de limón, queso, el azúcar restante y sal y pimienta.

Procese para combinar los ingredientes y luego vierta el aceite en un chorro fino y constante mientras sigue procesando, hasta lograr la consistencia deseada. Sirva en un bol, verifique los condimentos y rectifique si fuera necesario.

Conserve en una jarra tapada o en un recipiente plástico en la heladera, se mantiene bien hasta 10 días.

COCINAR PARA AMIGOS

LAS RECETAS: SALTEADO DE POLLO Y LANGOSTINOS / POLLO GRILLADO CON HIGOS GLASEADOS EN MIEL / POLLO ASADO CON ESTRAGÓN Y ESPÁRRAGOS / AVE DE CAZA CON PANCETA Y CASTAÑAS / PECHUGAS DE PATO EN SALMUERA CON NARANJAS / SALMÓN ESPECIADO CON CREMA DE MIEL / CABALLA FRESCA MARINADA Y ENSALADA TIBIA DE PAPAS / TRILLAS AL HORNO CON LIMÓN Y CHAMPIÑONES / PANCETA EN DOS COCCIONES CON SALTEADO DE CEBOLLAS / BIFE DE CHORIZO GRILLADO CON MANTECA DE VINO TINTO / DIP DE CALABAZA ASADA Y PIMIENTOS COLORADOS / LANGOSTINOS AL PIL PIL / FRITURAS DE CALAMAR CON *CHERMOULA* / POCHOCLO AL ESTILO INDIO / HUMMUS DE ARVEJAS / FRITURAS DE ARROZ CON DIP DE GARBANZOS / ROLLS DE PATO AHUMADO CON SALSA DE CEBOLLAS / MASA PARA PIZZA SIN GLUTEN / AROS DE CEBOLLA REBOZADOS EN POLENTA / GALLETAS DE ARROZ CON CAMARONES Y PEPINOS

SALTEADO DE POLLO Y LANGOSTINOS

La Jambalaya es un plato típico del sur de Estados Unidos. Debo decir que está entre mis favoritos. Consiste en un simple arroz salteado que tiene alguna relación con la paella por la combinación de arroz, pollo y mariscos.

2 cdas de aceite de oliva

1 cebolla mediana picada fino

1 diente de ajo machacado

1 pimiento rojo cortado en tiras de 1 cm

2 tallos de apio cortados en rodajas de 1 cm

1 pechuga de pollo grande, sin piel y cortada en trozos de 2 cm

2 cdtas de páprika ahumada

1 hoja de laurel

600 ml de caldo de pollo*

2 chorizos aptos para celíacos cortados en trozos de 2 cm

2 cdtas de puré de tomate

160 g de arroz de grano largo

6 cebollas de verdeo picadas fino

180 g de langostinos pelados

sal y pimienta negra

Caliente el horno a 200°C.

Caliente el aceite de oliva en una cacerola que sirva para cocinar en el horno. Añada la cebolla, el pimiento, el ajo y el apio y saltee 5 minutos a fuego fuerte. Agregue el pollo, la páprika y la hoja de laurel: cocine hasta que el pollo cambie de color.

Mientras tanto, lleve a hervor el caldo de pollo en un cazo pequeño.

Luego añada los chorizos, el puré de tomate y el arroz. Cubra con el caldo hirviendo. Revuelva bien y sazone. Lleve a ebullición.

Termine la cocción en el horno durante 15-18 minutos, con el recipiente tapado, hasta que todo el caldo se haya absorbido.

Quite la tapa de la cacerola, luego incorpore las cebollas de verdeo y los langostinos, vuelva a sazonar y deje 5 minutos. Sirva caliente.

* Prepare el caldo usando la mitad de agua especificada en las instrucciones del envase.

POLLO GRILLADO CON HIGOS GLASEADOS EN MIEL

PORCIONES: 4
PREPARACIÓN: 15min, más 2 horas como mínimo para marinar
COCCIÓN: 20min

El pollo asado y los higos calientes, apenas grillados, realmente van muy bien juntos. Tenga cuidado, sin embargo: si pone los higos maduros directamente sobre la parrilla, se van a reventar. Por eso, debe usar fuego lento para que, antes que cocinarse, tomen apenas calor.

4 pechugas medianas, con piel
2 cdas de salsa Worcestershire
Un chorrito o dos de salsa Tabasco
jugo de 2 limones grandes
8 higos maduros

2 cdas de miel
2 cdas de vinagre de jerez
sal y pimienta negra recién molida
ensalada verde, para servir

Usando un cuchillo afilado, trace cortes en forma de rejilla en la piel del pollo.

Bata bien la salsa Worcestershire, la salsa Tabasco y el jugo de limón en una fuente playa.

Sazone y coloque las pechugas en la fuente. Revuelva bien para impregnar las piezas de pollo. Deje marinar 2 horas como mínimo, o toda la noche si fuera posible.

Corte los higos en mitades, luego corte cada mitad en 3 o 4 gajos, asegurándose de no separar totalmente la pulpa, de manera que el higo quede unido por la piel. Vierta la miel y el vinagre sobre los higos y deje marinar 20 minutos.

Caliente el horno a 220º C., disponga las pechugas en una placa y coloque bajo el grill: cocine 6-7 minutos por lado. Cuando estén hechas, retire y cubra con film transparente.

Mientras tanto, coloque los higos en una fuente y caliente bajo el grill solo para que tomen temperatura. No los cocine de más, porque si se pasan no podrá despegarlos de la fuente.

Corte cada pechuga en 3-4 rodajas y reparta en 4 platos. Ubique 4 mitades de higos cocidos en cada plato. Todo lo que necesita ahora es una copa llena de Sauvignon Blanc y una ensalada verde para disfrutar el almuerzo perfecto.

PORCIONES: 4-6
PREPARACIÓN: 20min
COCCIÓN: 1½-2 horas

POLLO ASADO CON ESTRAGÓN Y ESPÁRRAGOS

Cualquier ocasión es buena para disfrutar un pollo asado, y tiene mucho sentido hacerlo cuando los primeros espárragos de estación llegan a las verdulerías. Ese es un verdadero signo de que el verano se aproxima.

1.6 kg de pollo, preferentemente orgánico

2 cebollas pequeñas, enteras

1 cabeza de ajo

150 g de manteca pomada

2 cdas de hojas de estragón picadas

Jugo de 2 limas

Sal y pimienta negra

Papines con manteca y menta y espárragos, para servir

Caliente el horno a 190°C., seque el pollo con papel de cocina. Condimente la cavidad del pollo con sal y pimienta y rellene con la cabeza de ajo y las dos cebollas.

En un bol, mezcle la manteca, el estragón, el jugo de lima y sazone. Luego inserte un dedo bajo la piel del pollo para separarla, pero sin que se desprenda. Extienda la mezcla de manteca bajo la piel. Unte el exterior del ave con la mezcla que le haya sobrado en el bol. Condimente con sal y pimienta.

Ahora, siga este consejo: estire una tira larga de papel de aluminio y pliéguela en un rectángulo de 5cm de grueso. Coloque el papel de aluminio y ubique el pollo encima: esto prevendrá que el pollo se pegue a la asadera. Hornee el pollo durante 1 ¼ hora, pintándolo cada tanto con sus jugos de cocción. Se dará cuenta de que el pollo está cocido cuando, luego de insertar un cuchillo en su parte más gruesa, salga un jugo traslúcido. Si el jugo sale rosado cocine 10-15 minutos más.

Una vez cocido, retire el pollo del horno y reserve cubierto con papel de aluminio durante al menos 10 minutos. Esto le va a añadir suculencia a la carne. Si lo desea, reduzca los jugos de cocción en una sartén; puede añadir un poco de caldo para realzar el sabor, pero normalmente el pollo sale tan tierno y húmedo que no necesita ninguna salsa.

Sirva con papines aderezados con manteca, hojas de menta a gusto y espárragos hervidos, cocidos al vapor o asados.

AVE DE CAZA CON PANCETA Y CASTAÑAS

PORCIONES: 4
PREPARACIÓN: 25min
COCCIÓN: 30min

La carne de caza es deliciosa y, aunque a veces es difícil de conseguir fresca, en algunos supermercados se vende envasada al vacío o congelada. Si nunca antes probó el faisán, hágalo con esta receta. Es fácil y muy sabrosa. ¡Me encanta!

1 cda de aceite de oliva

60 g de panceta

1 cebolla mediana, cortada en rodajas medianas

1 zanahora picada fino

2 hojas de laurel

Pizca de canela molida

1 cda de puré de tomate

1 cdta de hojas de tomillo

1 cdta de ajo machacado

Pizca de clavo de olor molido

125 ml de caldo de pollo

125 ml de vino blanco

80 g de castañas o avellanas

1 cda de fécula de maíz (opcional)

4 pechugas de ave de caza, como faisán

4 fetas de jamón serrano

50 g de manteca

Sal y pimienta blanca

Puré de papas y repollo salteado, para servir

Caliente el aceite en una sartén. Coloque la panceta y saltee 10 minutos, o hasta que esté crocante.

Añada la cebolla, la zanahoria, las hojas de laurel, la canela, el puré de tomate, el tomillo, el ajo, los clavos molidos, el caldo de pollo y el vino blanco. Sazone bien, reduzca el fuego y cocine 20 minutos.

Cuando las verduras estén tiernas, añada las avellanas o las castañas y caliente unos minutos. Verifique los condimentos.

La salsa debería tener una textura densa y sedosa. Si fuera necesario, puede espesar con la fécula de maíz disuelta en 3 cdas de agua fría, revolviendo mientras la derrama en la salsa.

Envuelva las pechugas de ave en fetas de jamón serrano. Caliente la manteca en una sartén y saltee las pechugas durante 5-6 minutos por lado. Es importante que no se cocinen de más. Retírelas cuando están rosadas del fuego y deje reposar 5 minutos. Ubique las pechugas cocidas en bols profundos con un poco de salsa alrededor. Acompañe con repollo salteado y puré de papas.

PORCIONES: 4
PREPARACIÓN: 15min,
más 20min para marinar
COCCIÓN: 30-35min

PECHUGAS DE PATO EN SALMUERA CON NARANJAS

Marinar cualquier carne en salmuera no solo cambia su sabor, sino también su textura. Es un proceso de ósmosis que permite que el agua de las células del animal sea reemplazada por el azúcar y la sal de la salmuera. Es el mismo proceso que transforma el cerdo en jamón.

4 pechugas de pato medianas con piel

Para la salmuera

60 g de azúcar

30 g de sal

Para la salsa

2 naranjas grandes

200 ml de jugo de naranja

25 g de azúcar impalpable

50 ml de vinagre de sidra

300 ml de caldo de pollo

1 cda de fécula de maíz

Sal y pimienta negra

Puré de papas y arvejas, para servir

Coloque el azúcar, la sal y 600 ml de agua en una cacerola. Caliente lentamente hasta que alcance la ebullición. Una vez que el azúcar y la sal se hayan disuelto, retire y deje enfriar.

Cuando se haya enfriado por completo, vuelque la salmuera en una jarra medidora y llene con agua fría hasta los 600 ml.

Vierta la mitad de la salmuera en una fuente pequeña. Disponga las pechugas en la fuente de manera que no quede espacio entre ellas. Vierta la salmuera restante. Tape y deje reposar no más de 20 minutos.

Pele las naranjas y corte su piel (sin la parte blanca) en tiras muy finas: esto debería rendir 2 cucharadas de cáscara. Corte la naranja en gajos.

Luego coloque la cáscara y jugo de naranja, el azúcar, el vinagre y el caldo en una cacerola. Lleve a hervor y reduzca hasta que quede apenas una tercera parte del líquido. Tenga en cuenta que cuanto más reduzca la salsa, más intensos y concentrados serán sus sabores.

En un bol pequeño, disuelva la fécula de maíz en 3 cucharadas de agua. Vuelque en la salsa de naranja de a poco, revolviendo constantemente para ver si espesó lo suficiente. Procure que la salsa no sea demasiado espesa. Condimente con sal y pimienta.

Enjuague las pechugas bajo agua fría y seque con papel de cocina.

Caliente una sartén y agregue las pechugas de pato, con la piel hacia abajo. La grasa empezará a chisporrotear y derretirse casi inmediatamente. Luego de 4-5 minutos, de vuelta y cocine 4-5 minutos más.

Una vez que estén cocidas, retire las pechugas de la sartén, resérvelas en un plato caliente y cubra con papel de aluminio. Deje descansar 10 minutos para que la carne adquiera una textura tierna y húmeda.

Para servir, corte las pechugas en rodajas, seque bien con papel de cocina y ubique en 4 platos. Cubra cada pechuga con 3 gajos de naranja, derrame la salsa y coloque el puré de papas y las arvejas a un costado.

PORCIONES: 4
PREPARACIÓN: 10min
COCCIÓN: 8-10min

SALMÓN ESPECIADO CON CREMA DE MIEL

Hace algunos años tuve la suerte de rodar un film sobre la pesca con mosca en los Everglades, en Estados Unidos. El capitán del barco donde pescábamos truchas asalmonadas de la mejor calidad las sellaba a fuego fuerte, frotadas con una mezcla seca de especias. Con esta receta en mente hice esta versión propia.

Para el aderezo

200 g de crema de leche

2 cdas de hojas de menta picadas

2 cdas de vinagre de vino blanco

½ cdta de pimienta negra

2 cdas de miel

3 cebollas de verdeo cortadas en rodajas

100 g de berro y páprika ahumada, para servir

Para la mezcla seca de especias

2 cdtas de tomillo deshidratado

2 cdas de páprika

2 cdas de sal marina

1 cda de pimienta negra molida

3 cdtas de pimienta de Cayena

1 cda de cebolla en polvo

1 cdta de laurel molido

1 cdta de semillas de hinojo

Para el pescado

2 cdas de aceite de oliva

4 filetes de aprox. 140 g de trucha o salmón, con piel

Bata con un tenedor todos los ingredientes del aderezo. Reserve.

En un molinillo de especias o mortero, mezcle todos los ingredientes de la mezcla seca de especias. Frote los filetes de salmón con esta mezcla.

Caliente el aceite en una sartén. Añada los filetes con la piel hacia abajo y cocine 3-4 minutos, luego dé vuelta y cocine 2 minutos más. No cocine más del tiempo necesario: el punto del salmón se comprueba cuando al presionar su carne con un dedo, esta se separa.

Ubique el berro en 4 platos. Coloque el salmón sobre el berro. Cubra con el aderezo y, si lo desea, espolvoree con un poco de páprika. Sirva inmediatamente.

CABALLA FRESCA MARINADA Y ENSALADA TIBIA DE PAPAS

PORCIONES: 4
PREPARACIÓN: 25min, más 30min para marinar
COCCIÓN: 10min

La caballa, como su pariente el bonito, tiene una carne espectacular. El problema es que pierde rápido su frescura. Así que intente esto: vierta 1 cucharada colmada de sal en una fuente con 600 ml de leche. Añada los filetes de pescado con piel. El pescado, si es fresco, aguantará de esta manera hasta 1 semana en la heladera y su carne será más firme. Cuando quiera cocinarlo, nada más enjuague y seque.

Para la mezcla de especias

1 cda de tomillo seco

1 cda de páprika

1 cda de sal marina

1 cdta de pimienta negra

2 cdtas de pimienta de Cayena

1 cda de cebolla en polvo

1 cda de ajo en polvo

2 cdtas de azúcar impalpable

Para la ensalada

4 cdas de aceite de oliva

1 cebolla grande picada muy fino

2 dientes de ajo machacados

1 cda de mostaza en grano

2 cdas de vinagre de sidra

500 g de papas chicas, cocidas y cortadas en mitades

2 cdas de hojas de perejil picadas

Sal y pimienta negra

Para el pescado

4 cdas de aceite de oliva, para freír

4 filetes de caballa u otro pescado blanco, con piel

Mezcle todas las especias juntas en un molinillo eléctrico o mortero. Reserve 30 minutos antes de usar, para que los sabores se integren bien.

Caliente una sartén y agregue el aceite y los dientes de ajo. Cocine 3 minutos para ablandarlos.

Añada la mostaza, el vinagre y las papas cocidas; sazone y revuelva bien. Retire del fuego, agregue el perejil y deje descansar a temperatura ambiente.

Frote los filetes de pescado con la mezcla de especias. En una sartén grande, caliente el aceite y coloque los filetes con la piel hacia abajo. Cocine durante 3-4 minutos. Luego dé vuelta y cocine 2 minutos, o hasta que el pescado esté todavía ligeramente crudo en el centro.

Divida la ensalada de papas en 4 platos, cubra con los filetes de pescado.

PORCIONES: 4
PREPARACIÓN: 10min,
más 15min para hidratar
COCCIÓN: 25min

TRILLAS AL HORNO CON LIMÓN Y CHAMPIÑONES

Me gusta cocinar los pescados enteros, porque conservan el sabor y la suculencia. Pida en la pescadería que hagan todo el trabajo duro de preparación (desescamado y eviscerado) para poder concentrarse luego solo en cocinar.

4 trillas de aprox. 400 g, desescamadas, sin cabeza ni vísceras

75 g de manteca pomada

400 ml de caldo de pescado (ver pág. 99)

50 g de hongos deshidratados

1 cebolla chica picada fino

3 dientes de ajo

3 pizcas de azúcar impalpable

3 cdtas de vinagre de vino blanco

Cáscara de 2 limones, picada

2 cdas colmadas de hojas de salvia picadas

Sal y pimienta negra

Caliente el horno a 200°C. Coloque las trillas en placas antiadherentes para hornear.

Unte los pescados con 50 g de la manteca y condimente con sal y pimienta.

Lleve a hervor el caldo de pescado en una cacerola pequeña. Hidrate los hongos secos con el caldo hirviendo durante 15 minutos, o hasta que estén suaves. Luego cuele el caldo en un lienzo y reserve. Enjuague y escurra los hongos.

Caliente los 25 g restantes de manteca en una sartén. Añada el ajo y la cebolla. Cocine a fuego suave 5 minutos. Agregue el caldo y haga hervir. Incorpore el azúcar, el vinagre y un poco de sal y pimienta. Lleve a ebullición nuevamente y siga cocinando hasta que el líquido se haya reducido a la mitad. Sume los hongos y cocine hasta que la salsa se haya vuelto bien espesa. Retire del fuego. Vierta la salvia picada y la cáscara de limón.

Cocine las trillas en horno precalentado 18-20 minutos, derramando cada tanto los jugos de cocción sobre las piezas. Sirva.

PORCIONES: 4
PREPARACIÓN: 30min
COCCIÓN: 2 horas

PANCETA EN DOS COCCIONES CON SALTEADO DE CEBOLLAS

Pida en la carnicería que le consigan panceta de cerdo fresca y anímese a preparar esta receta. En la primera etapa de cocción la pieza se brasea a una temperatura de 180°C. durante 30 minutos y luego se dora.

Para el cerdo

1 kg de panceta fresca, cortada en 4 pedazos iguales, sin piel

1 litro de caldo de pollo

100 ml de vinagre de vino

2 cdtas de comino molido

2 pizcas de pimienta de Jamaica molida

2 pizcas de ají molido

4 cdas de miel

cáscara rallada y jugo de 1 naranja

cáscara rallada y jugo de 1 limón

1 cdta de granos de pimienta de Sichuan, aplastados

Para el salteado

4 cdas de aceite de oliva

2 dientes de ajo picados fino

½ cdta de comino molido

½ cdta de pimienta de Jamaica molida

2 cebollas moradas picadas grueso

2 batatas cortadas en cubos de 2 cm

Caliente el horno a 150°C. Sazone la panceta con sal y pimienta y ubique en una cacerola antiadherente que pueda colocar en el horno. Vuelque el caldo sobre la carne y cubra. Lleve a ebullición y, una vez que el líquido hirvió, cocine en horno precalentado más o menos durante 2 ½ horas, o hasta que esté muy blando cuando lo pinche con un tenedor.

Prepare la marinada: bata en un bol el vinagre, el comino, la pimienta de Jamaica, el ají molido, la miel, las cáscaras y los jugos de cítricos y los granos de pimienta. Deje reposar 10 minutos.
Suba el fuego del horno a fuerte. Con cuidado retire el caldo que se formó durante la cocción (esto puede congelarse y usarse como caldo para otra preparación). Pincele la panceta con la marinada y vuelva la fuente o cacerola al horno. Siga vertiendo la marinada de a cucharadas hasta que la carne esté parejamente glaseada (aprox. 30 minutos).

La panceta habrá tomado un color increíble y ya no quedará casi nada de marinada en el bol.

Mientras tanto, caliente el aceite en un wok. Incorpore el ajo y las especias y cocine 2-3 minutos, cuidando que no se quemen. Añada las cebollas y las batatas, condimente, baje el fuego y cubra con papel de aluminio o parcialmente con una tapa. Cocine 15-20 minutos revolviendo ocasionalmente. El vapor producido por las cebollas y las batatas será suficiente para que se cocinen perfectamente. Sirva el cerdo acompañado por el salteado de vegetales y lo que haya quedado de la marinada.

BIFE DE CHORIZO GRILLADO CON MANTECA DE VINO TINTO

PORCIONES: 4
PREPARACIÓN: 15min
COCCIÓN: 5-12min

Para descansar un poco de las salsas, me gusta acompañar la carne asada con manteca saborizada. Pruébelo usted mismo.

225 g de manteca pomada
1 cda de ketchup
2 cdtas de mostaza
2 echalotes picados fino
2 cdas de hojas de estragón picadas
1 diente de ajo machacado
½ cdta de páprika ahumada
1 cdta de salsa Worcestershire

2 cdas de vino tinto
Pizca de curry en polvo
Cáscara y jugo de 1 limón
Sal y pimienta negra
4 bifes de chorizo de aprox. 225 g c/u

A pesar de lo mucho que se ha escrito sobre la carne, no quiero dejar de compartir mis reglas básicas para comprarla y prepararla. Busque siempre carne rosada y sin manchas marrones y seque los bifes con papel de cocina antes de cocinar, de esta manera prevendrá que se hiervan en la asadera o en la plancha.

Coloque la manteca, el ketchup, la mostaza, los echalotes y la páprika en un bol y bata hasta que la mezcla esté liviana y cremosa. Añada la salsa Worcestershire y vino tinto. Mezcle bien durante un par de minutos. Finalmente sume el curry en polvo y la cáscara y el jugo de limón. Salpimente.

Extienda un cuadrado de 30cm de papel de aluminio. Con una cuchara, disponga la manteca en uno de los extremos, luego enrolle con cuidado y pliegue las puntas para cerrar el rollo. Enfríe. La manteca aguantará en la heladera hasta 1 mes y 3 meses en el freezer.

Caliente una plancha o sartén a fuego fuerte. Selle los bifes 2½ minutos por lado para el punto jugoso, 4 minutos por lado para que estén a punto y 6 minutos por lado para que queden bien cocidos. Reserve 5 minutos. Para servir, cubra cada bife con un par de círculos de manteca fría.

DIP DE CALABAZA ASADA Y PIMIENTOS COLORADOS

PORCIONES: 6
PREPARACIÓN: 20min
COCCIÓN: 50min

Este dip me gusta porque es mucho más que una salsa, ya que puede acompañar como guarnición o servir de relleno para un pollo, pero también va muy bien con embutidos y hasta lo he usado como cobertura para pizzas.

600 g de calabaza, sin semillas, cortada en mitades y luego en rodajas
100 g de semillas de zapallo
2 cdas de aceite de oliva
4 fetas de panceta picada
200 g de queso Cheddar rallado
350 g de morrones rojos, asados y picados

1 diente de ajo machacado
4 cdas de chutney de mango
2 cdas de mayonesa
4 cdas de aceite de oliva
Sal y pimienta negra recién molida, a gusto

Caliente el horno a 200ºC. Pincele generosamente la calabaza con aceite de oliva, sal y pimienta. Hornee 40 minutos. Retire y deje enfriar.

Mientras tanto, coloque los pimientos en una asadera y ase en el grill del horno hasta que estén tiernos. Retire y reserve en un bol cubierto con film transparente. Deje enfriar y pele.

Quite cuidadosamente la pulpa de la calabaza ayudándose con una cuchara. Coloque la pulpa en un bol grande. Hágala puré con un pisapapas.

Fría los trozos de panceta en una sartén antiadherente. Cuando estén tostados y hayan tomado un buen color, añada al puré de calabaza.

Incorpore el queso, los morrones, el ajo, el chutney, la mayonesa y el aceite de oliva al puré, revuelva bien y sazone con sal y pimienta.

Es mejor dejar que el dip descanse un par de horas a temperatura ambiente para que se integren plenamente los sabores antes de servir.

PORCIONES: 4
PREPARACIÓN: 20min
COCCIÓN: 20-25min

LANGOSTINOS AL PIL PIL

Sí, 9 dientes de ajo. Sí, la salsa tiene mucho aceite. Pero se ve fantástica y es riquísima, ¡créame! Solíamos cocinar este plato en mi pub hace algunos años y era un éxito. A Andy, el chef, realmente le encantaba. Como parte de un tapeo se puede servir frío o caliente. De hecho, creo que es mejor cocinarlo, entibiarlo, luego enfriarlo y comerlo al día siguiente para que todos los sabores se desarrollen -eso si puede esperar todo un día una vez que sintió los fantásticos aromas que desprende su cocción-.

También puede utilizarse como salsa con cerdo, pollo o pescado.

75 ml de aceite de oliva
2 cebollas moradas picadas fino
¼ cdta de ají molido
9 dientes de ajo picados fino
1 cda colmada de páprika

60 g de azúcar de palma
Jugo de 4 limas
20 langostinos crudos, pelados y eviscerados
Sal y pimienta negra recién molida
Arroz cocido al vapor, para servir

Caliente el aceite y agregue las cebollas, el ají molido y el ajo. Cocine 10 minutos hasta que se hayan ablandado.

Añada la páprika y cocine 2-3 minutos más; no deje que se quemen.

Sume el azúcar de palma y el jugo de lima, condimente bien y baje el fuego. Reduzca el volumen de la preparación hasta la mitad.

Pruebe la salsa y rectifique los condimentos, si fuera necesario. Debería tener un agradable balance de agrio y dulce.

Cuando desee servir, lleve la salsa a hervor, incorpore los langostinos y cocine 3-4 minutos o hasta que pierdan su color opaco y se vuelvan rosados. Tenga cuidado en no cocinarlos de más, o se pondrán duros.

Sirva en bols pequeños, con un poco de arroz al vapor.

PORCIONES: 4
PREPARACIÓN: 20min
COCCIÓN: 50min

FRITURAS DE CALAMAR CON *CHERMOULA*

Para que los aros de calamar queden bien crocantes, el aceite tiene que estar muy caliente y cocinarse en tandas pequeñas. Acá acompaño las clásicas rabas con *chermoula*, la marinada marroquí.

Para la chermoula

½ cdta de semillas de comino tostadas en seco

2 dientes de ajo

¼ cdta de pimentón dulce

4 cdas de aceite de oliva

1 cda de jugo de limón

1 cda de vinagre de vino tinto

2 cdas de hojas de cilantro picadas

Sal

Para la ensalada

3 cdas de aceite de oliva

2 zucchinis medianos picados grueso

1 cebolla pequeña picada

1 berenjena chica picada grueso

2 cdas de hojas de cilantro picadas

40 g de piñones (o almendras) tostados

Sal y pimienta negra recién molida

Para el calamar

160 g harina leudante apta celíacos (ver pág. 152)

200 ml de leche

160 g de calamar, más las cabezas, limpios y cortados en tiras finas.

Aceite vegetal para freír

Ají en polvo, para servir

Prepare la chermoula: combine en un mortero el comino, el ajo y el pimentón. Luego vierta el aceite, el jugo de limón y el vinagre, sume el cilantro y sale.

Para hacer la ensalada, caliente el aceite en una sartén y agregue los zucchinis, la cebolla y la berenjena. Tape y cocine aproximadamente 30 minutos a fuego lento.

Cuando estén tiernos y ligeramente dorados, añada el cilantro y los piñones. Salpimente y reserve en una fuente cubierta a temperatura ambiente hasta que esté listo para servir.

Coloque la harina y la leche en dos bols separados. Pase pequeñas cantidades de calamar por la harina, luego por la leche y luego otra vez por la harina. Caliente el aceite en una sartén profunda a 180°C, o hasta que un cubo de pan se dore en 8 segundos. Fría el calamar hasta que esté crocante.

Seque el calamar y espolvoree con abundante sal, pimienta y ají molido. Para servir, dispóngalo sobre la ensalada de berenjena y derrame la chermoula encima.

POCHOCLO AL ESTILO INDIO

PORCIONES: 4
PREPARACIÓN: 25min
COCCIÓN: 30min

Esta es una encantadora manera de disfrutar el pochoclo. A mis hijos les encanta, ¡siempre y cuando no me propase con el ají!

2 cdas de aceite de oliva

4 vainas de cardamomo machacadas

250 g de maíz para pochoclo

½ cdta de sal

½ cdta de páprika

2 cdtas de ajo deshidratado

½ cdta de pimienta de Cayena

Pizca de ají molido

Caliente el aceite en una sartén de base pesada, cuidando que no se queme. Agregue el cardamomo y el maíz y baje un poco el fuego. Tape y deje cocinar hasta que el chisporrotear haya cesado.

Retire el pochoclo caliente, luego espolvoree con sal, páprika, ajo, pimienta de Cayena y ají molido. Mezcle muy bien y sirva caliente.

HUMMUS DE ARVEJAS

PORCIONES: 4
PREPARACIÓN: 25min
COCCIÓN: 5min

El hummus es fabuloso como entrada y adoro esta versión de un verde vibrante hecha con arvejas. Simplemente necesita procesar las arvejas con el resto de los ingredientes.

500 g de arvejas frescas

2 dientes de ajo picados

2 cdas de tahini (pasta de sésamo)*

4 cdas de hojas de perejil picadas

½ cdta de páprika

En una procesadora de alimentos haga un puré homogéneo con las arvejas, el ajo, las dos cucharadas de tahini, el perejil y la páprika, todo con sal y pimienta. Vierta gradualmente el aceite en un chorro fino, luego sume el jugo de limón. Transfiera a un bol y verifique los condimentos.

Sirva con galletas de arroz, Muffins de estragón (ver página 56) o scons salados (ver página 159).

* Puede preparar tahini procesando 100 g de semillas de sésamo tostadas a seco con aceite de oliva a gusto.

FRITURAS DE ARROZ CON DIP DE GARBANZOS

PORCIONES: 4
PREPARACIÓN: 25min
COCCIÓN: 45min

Los *arancini*, bolas de arroz rebozadas típicas de Sicilia, pueden servirse tanto frías, acompañadas con dip de garbanzos y ensalada, como calientes para un buffet.

Para los arancini

1 cda de aceite de oliva

½ cebolla pequeña picada fino

1 diente de ajo picado fino

120 g de arroz arborio

10 g de caldo deshidratado de verduras

100 ml de vino blanco

30 g de manteca

100 g queso parmesano rallado

80 g de harina de garbanzos

2 huevos grandes batidos

200 g de polenta o harina fina de maíz

aceite vegetal, cantidad necesaria para freír

Para el dip de garbanzos

½ cebolla finamente picada

1 diente de ajo finamente picado

Pizca de semillas de comino tostadas

Pizca de azafrán en polvo

½ cdta de hojas de romero picadas

3 cdas de aceite de oliva

160 g de garbanzos cocidos y escurridos

2 cdas de vinagre de vino tinto

3 cdas de hojas de perejil picadas

Caliente el aceite de oliva en una cacerola mediana, agregue el ajo y cocine hasta que esté tierno, añada luego el arroz, revolviendo para impregnarlo bien de aceite.

Espolvoree con el caldo y vierta el vino. Reduzca hasta que todo el líquido se haya absorbido revolviendo constantemente. Vuelque el agua hirviendo de manera gradual, revolviendo y esperando que se absorba antes de agregar un poco más, hasta que el arroz esté apenas cocido (15-20 minutos).

Cuando la preparación esté espesa retire del fuego, incorpore la manteca, el queso y un poco de pimienta. Verifique los condimentos, deje entibiar y luego refrigere.

Forme con la mezcla ya fría esferas del tamaño de una nuez. Disponga la harina de garbanzos, los huevos batidos y la polenta o harina fina de maíz en tres bols separados. Pase las bolas de arroz por la harina de garbanzos, luego por el huevo y finalmente cubra con la polenta.

Vierta el aceite en una sartén profunda hasta llenar 2,5cm de profundidad, caliente hasta los 180ºC. Fría las bolas de arroz durante 3-4 minutos, o hasta que estén doradas.

Haga el dip: fría la cebolla picada con ajo, comino, azafrán y romero en aceite hasta que esté tierna y dorada. Agregue 100 g de los garbanzos y cocine 10 minutos más. Procese hasta lograr un puré, verifique los condimentos y añada el perejil y los garbanzos restantes. Sirva como acompañamiento para los arancini.

ROLLS DE PATO AHUMADO CON SALSA DE CEBOLLAS

PORCIONES: 4
PREPARACIÓN: 20min
COCCIÓN: 1 hora

Esta es una variante de los clásicos panqueques chinos de pato laqueado. Puede comprar hechas las pechugas de pato calientes. El aderezo es muy simple: mermelada de cebollas, cocinada muy suavemente hasta que sepa dulce y agria. Y, por las dudas que no consiga los panqueques de arroz, también va la receta.

Para el aderezo de cebollas

4 cdas de aceite de oliva

3 cebollas medianas en rodajas finas

2 cdtas de tomillo seco

100 ml de vino Madeira o Marsala

10 g de caldo deshidratado de carne

2 cdas de vinagre de vino tinto

Sal y pimienta negra

Para los rolls

16 panqueques de harina de arroz

1 pechuga de pato ahumada, sin piel y cortada en rodajas finas

140 g de pepino cortado en bastones de 3 cm

4 cdas de hojas de cilantro picadas

Para los panqueques

3 huevos

120 ml de leche

1 cda de aceite vegetal

3 g de sal

160 g de harina de arroz

Prepare los panqueques: bata los huevos en un bol, añada la leche, el aceite y la sal. Incorpore la harina y continúe batiendo hasta que no queden grumos. Cubra y deje descansar a temperatura ambiente 1 hora.

Caliente una sartén a fuego medio-fuerte. Derrame la masa de a cucharadas y cocine hasta que se formen burbujas y los bordes estén secos. Dé vuelta y cocine hasta que se haya dorado. Repita hasta que no quede más masa.

Prepare el aderezo: caliente el aceite en una cacerola pequeña y agregue las cebollas. Revuelva bien y añada el tomillo. Tape, baje el fuego y cocine a fuego muy suave durante 45 minutos, revolviendo ocasionalmente. Si cocina el aderezo muy rápido y sin tapar, el agua de las cebollas se evaporará muy rápido y quedarán duras.

Cuando las cebollas estén blandas, vierta el vino, el caldo, el vinagre, la sal y pimienta. Suba un poco el fuego y cocine hasta que haya espesado.

Divida el pato en los panqueques. Cubra con el pepino y cilantro. Ahora eche el aderezo tibio y envuelva plegando los lados y después los extremos: de esta manera no chorreará.

MASA PARA PIZZA SIN GLUTEN

RINDE: 2 pizzas de 20 cm de base
PREPARACIÓN: 15min más 15min de leudado
COCCIÓN: 30min

Nunca más va a extrañar las suculentas porciones de pizza de trigo, gracias a mi base para pizzas libre de gluten.

1 cdta de azúcar

300 ml de agua tibia

7 g de levadura seca

300 g de harina apta celíacos (ver la Mezcla de harinas en pág. 152)

1 cdta de goma xántica

1 cdta al ras de polvo de hornear

1 cdta de sal

1 cda de aceite de oliva

Ingredientes para cubrir, a su elección

Disuelva el azúcar en la mitad de agua tibia, incorpore la levadura, mezcle bien y deje a un costado 5 minutos para que la levadura se active.

Coloque el resto de los ingredientes secos en un bol grande. Añada la mezcla de levadura y el aceite, revuelva bien mientras vierte gradualmente el agua tibia restante. Mezcle hasta lograr una consistencia homogénea, de humedad pareja.

Cubra el bol con un paño limpio y déjelo en un lugar cálido durante 15 minutos, para que la masa leude.

Caliente el horno a 200°C.

Divida la masa en dos bollos. Disponga uno de los bollos en una hoja de papel manteca. Cubra con una segunda hoja de papel manteca y achate la masa entre los papeles, presionando con ambas manos, para formar un círculo de 20 cm. Repita el proceso con el bollo restante.

Coloque las bases de pizza en asaderas redondas. Hornee en horno precalentado durante 8-10 minutos y luego retire. Cubra con los ingredientes deseados.

Vuelva las pizzas con sus coberturas al horno y hornee otros 15-20 minutos, o hasta que estén doradas y burbujeantes. Sirva inmediatamente.

PORCIONES: 4
PREPARACIÓN: 10min
COCCIÓN: 15min

AROS DE CEBOLLA REBOZADOS EN POLENTA

Estos aros pueden servir como guarnición de un bife con papas fritas o solos, como entrada. Solo recuerde no cocinar muchos de una vez, o no quedarán crocantes.

Aceite vegetal para freír

85 g de harina de garbanzos

100 g de polenta

4 cdas de hojas de perejil picadas

1 cebolla grande cortada en aros de ½ cm

150 ml de leche

sal y pimienta negra

Coloque la harina de garbanzos en un bol. En otro bol, vierta la polenta y mezcle con las hojas de perejil y condimente. Ponga la leche en un tercer bol; salpimente.

Pase los aros de cebolla por la harina de garbanzos, luego por la leche y finalmente por la mezcla de polenta y perejil, revolviendo para que se impregnen bien.

Cubra hasta 2.5 cm de profundidad una sartén o cacerola honda con aceite vegetal. Luego caliente a 190ºC o hasta que un cubo de pan se dore en 30-40 segundos.

Fría los aros en tandas: cuidadosamente sumerja 6-8 aros de cebolla en el aceite caliente usando una espumadera. Cocine durante 3-5 minutos, dando vuelta una vez, hasta que estén dorados y crocantes. Seque con papel de cocina. Reserve los aros en un plato caliente, cubierto con papel de aluminio, a medida que están listos. Luego sirva.

GALLETAS DE ARROZ CON CAMARONES Y PEPINOS

PORCIONES: 20
PREPARACIÓN: 15min
COCCIÓN: 3min

Me gusta mucho el wasabi (un tipo de salsa japonesa de rábano picante) pero debe usarse equilibradamente, ya que en gran cantidad es horrible, pero en pequeñas dosis no tiene gusto. Estas galletitas son una vuelta de tuerca sobre el clásico cocktail de camarones.

225g camarones cocidos y picados

4 cdas de mayonesa

2 cebollas de verdeo picadas fino

2 cdtas de wasabi

2 cdtas de jengibre picado

2 cdas de pepino picado fino, con la piel

20 galletas de arroz cuadradas

pizca de pimienta de Cayena

sal y pimienta negra

Vuelque los camarones picados en la mayonesa, agregue las cebollas de verdeo y salpimente.

Agregue el wasabi, el jengibre y el pepino. Mezcle bien.

Unte la mayonesa sobre las galletas de arroz, espolvoree con pimienta de Cayena. También puede servir la mayonesa en un bol con las galletas dispuestas en círculo alrededor. Sirva inmediatamente.

PARA VEGETARIANOS

LAS RECETAS: GARBANZOS ASADOS CON TOMATES Y TALEGGIO / VERDURAS ASADAS CON YOGUR AL ESTILO TURCO / CEBOLLAS MORADAS GLASEADAS CON TOFU / BERENJENAS EN COCCIÓN LENTA CON YOGUR / APIO AGRIDULCE CON BERENJENAS / FRITURA DE ZUCCHINI CON ADEREZO DE REPOLLO PICANTE / PURÉ DE ACEITUNAS CON HUEVOS Y PIMIENTOS / CANNELLONI DE BERENJENAS CON SALSA DE REMOLACHA / PILAF AL CURRY CON CASTAÑAS DE CAJÚ

GARBANZOS ASADOS CON TOMATES Y TALEGGIO

PORCIONES: 4
PREPARACIÓN: 20min
COCCIÓN: 20min

Un dip-ensalada-guarnición poco usual, aunque muy bueno para picar y comer durante el día. Cualquier queso puede acompañar bien; personalmente, con los tomates y los morrones, prefiero el Taleggio, por su textura cremosa. Me gusta servir este plato como guarnición para carnes asadas o pescado.

480 g de garbanzos cocidos y escurridos

8 cdas de aceite de oliva

410 g de porotos alubia cocidos y escurridos

2 cdas de puré de tomate

2 cdas de aceto balsámico

1 diente de ajo picado fino

150 g de queso Taleggio o Gruyère cortado en trozos pequeños

150 g pimientos rojos asados cortados en tiras finas

200 g tomates secos cortados en 2 o 3 trozos

Sal y pimienta negra

Caliente el horno a 220°C.

Mezcle los garbanzos con 3 cucharadas de aceite de oliva, añada sal y pimienta y revuelva.

Vuelque en una placa y ase en el horno precalentado durante 15-20 minutos, o hasta que estén dorados parejo. Revuelva ocasionalmente.

Mientras tanto, haga un puré con los porotos y el restante aceite de oliva, puré de tomate, vinagre, ajo, sal y pimienta. Quizá necesite añadir un poco más de aceite para que la consistencia no sea tan espesa.

Cuando los garbanzos estén cocidos, páselos a un bol y cubra con la mezcla del puré de porotos, combine bien y deje enfriar a temperatura ambiente.

Añada el queso, los pimientos y los tomates cuando se haya enfriado por completo. Revuelva cuidadosamente. Sirva.

VERDURAS ASADAS CON YOGUR AL ESTILO TURCO

PORCIONES: 4
PREPARACIÓN: 45min
COCCIÓN: 1 hora

La clave para lograr este plato es asar las verduras en pequeñas tandas. Si las cocina todas de golpe en una sola asadera, la temperatura bajará y sudarán y no se asarán correctamente. Pienso que este plato es más rico al día siguiente, recalentado y servido como entrada o como plato principal.

Para las verduras

100 g de zucchini cortado en tiras finas

125 g de berenjena cortada en tiras finas

100 g pimientos verdes cortados en tiras de 2 cm

6 cdas de aceite de oliva

1 cebolla mediana cortada en rodajas finas

1 cdta de ajo picado

150 g de nabicol o repollo cortado en tiras de 5 cm

200 g de papas cortadas en cubos de 2 cm

150 g de zanahorias cortadas en tiras de 4 cm x 1 cm

½ cdta de semillas de cilantro machacadas

Pizca de pimienta de Jamaica molida

Sal y pimienta blanca

Para la salsa de tomates

300 ml de jugo de tomate

40 g de azúcar

40 ml de vinagre de vino tinto

80 g de garbanzos cocidos y escurridos

Para servir

200 g de yogur natural

3 cdas de hojas de cilantro picadas

Aceite de oliva

Caliente el horno a 220°C. Coloque los zucchini, las berenjenas y los pimientos en una asadera profunda y pincele con 2 cucharadas de aceite.

Ubique la cebolla y el ajo en otra asadera y pincele con 2 cucharadas de aceite.

Coloque el nabicol o el repollo, las papas y las zanahorias en otra asadera y vierta el aceite restante. Espolvoree las verduras con las semillas de cilantro y pimienta de Jamaica, condimente bien y revuelva. Hornee 30 minutos, hasta que todos los vegetales estén bien cocidos.

Luego, derrame el jugo de tomate, el azúcar y el vinagre en una sartén, condimente y reduzca hasta aproximadamente la mitad de su volumen. En ese punto, verifique los condimentos y añada los garbanzos mezclando bien. Todos estos pasos pueden hacerse con bastante anticipación.

Finalmente, combine todos los ingredientes que se asaron por separado, vierta la salsa de tomate y condimente. Para servir, disponga en un bol las verduras horneadas, cubra con yogur, cilantro fresco y unas gotas de aceite de oliva.

PORCIONES: 4
PREPARACIÓN: 15min
COCCIÓN: 2 horas

CEBOLLAS MORADAS GLASEADAS CON TOFU

Creo que el tofu tiene mucha mala prensa; es un buen ingrediente básico que combina con una gran variedad de sabores. El tofu ahumado tiene más sabor y es además muy nutritivo. Adoro las cebollas moradas, y en esta receta están sabrosas. Servidas con tofu, logran un primer plato vegetariano muy especial.

6 cebollas moradas con cáscara

2 cdtas de azúcar impalpable

85 g de manteca

4 cdas de aceite de oliva

200 g de tofu ahumado, cortado en cubos de 1cm, luego secado con papel de cocina

Sal y pimienta negra

Para la salsa verde

5 cdas de hojas de perejil picadas

8 cdas de hojas de albahaca picadas

2 dientes de ajo picados

2 cdas de alcaparras escurridas

4 filetes de anchoa enjuagados

100 ml de aceite de oliva

Pizca de ají molido

Caliente el horno a 200°C. Coloque una rejilla sobre una asadera y ubique las cebollas en la rejilla. Cocine en el horno 1½ hora. Las cebollas estarán hechas cuando un cuchillo las traspase con facilidad. Retire del horno y deje enfriar. Cuando se hayan enfriado completamente, quite las capas exteriores.

Haga la salsa verde: lleve todos los ingredientes a una procesadora de alimentos y procese hasta lograr un puré. Verifique los condimentos y rectifique si hiciera falta.

Corte las cebollas longitudinalmente en mitades, luego espolvoree con un poco de sal, pimienta y azúcar en el lado del corte. Caliente la manteca en una sartén antiadherente hasta que comience a ponerse ligeramente marrón, incorpore las cebollas con el lado del corte hacia abajo y cocine a fuego lento hasta que se hayan dorado. Fíjese que las cebollas se dorarán pronto debido a sus azúcares propios más el agregado.

Caliente mientras tanto el aceite de oliva en una sartén o wok. Sazone el tofu y saltee a fuego fuerte hasta dorar.

Para servir, coloque 3 mitades de cebolla en cada uno de los 4 platos, ubique los cubos de tofu y cubra con salsa verde.

BERENJENAS EN COCCIÓN LENTA CON YOGUR

PORCIONES: 4
PREPARACIÓN: 15min
COCIÓN: 45min - 1 hora

Las berenjenas tienen poco sabor propio, pero les puede sacar mucho provecho. Creo que lo mejor es cocinarlas a baja temperatura, cubiertas, en el horno. Hace falta acompañarlas además con sabores fuertes. Esta receta funciona bien como plato principal, pero con un huevo duro o dos es una buena ensalada.

100 ml de aceite de oliva

2 cebollas picadas grueso

2 berenjenas cortadas en cubos de 2 cm

4 dientes de ajo picados fino

2 cdtas de páprika

1 cdta de orégano deshidratado

Una pizca o dos de ají molido

4 cdas de hojas de menta picadas

6 cdas de hojas de albahaca picadas

12 tomates cherry en mitades

4 cdas de hojas de cilantro picadas

Sal y pimienta negra recién molida

Galletitas y yogur natural, para servir

Caliente el horno a 200ºC.

En una sartén o cacerola que pueda llevar al horno, saltee las cebollas en el aceite de oliva a fuego fuerte, hasta que se hayan dorado bien.

Añada las berenjenas, el ajo, la páprika, el orégano, el ají molido, la menta fresca y los condimentos. Revuelva muy bien, luego cubra y cocine en el horno entre 45 minutos y una hora, o hasta que las berenjenas estén bien tiernas.

Cuando estén hechas retire del horno, quite la tapa y revuelva bien. Verifique los condimentos. Agregue la albahaca fresca, los tomates y el coriandro. Revuelva.

Sirva con galletitas libres de gluten, cubiertas con una cucharada de yogur.

APIO AGRIDULCE CON BERENJENAS

Cuando me estaba formando como cocinero, los corazones de apio estaban muy de moda y los cocinábamos de muchas maneras en el hotel donde trabajaba. Ahora que no están de moda los extraño, ya que son deliciosos.

6 cdas de aceite de oliva

½ cdta de ají molido

½ cdta de páprika

½ cdta de cúrcuma

½ cdta de comino molido

2 dientes de ajo picados

1 cebolla grande picada fino

1 berenjena pequeña cortada en cubos de 2 cm

1 cda de puré de tomate

4 cabezas de apio pequeñas, sin las hojas

10 g de caldo deshidratado de verduras

2 cdas de miel

2 cdas de jugo de lima

2 cdas de pasta de tamarindo (o jalea de membrillo)

Sal y pimienta negra

Caliente el horno a 200°C. Caliente el aceite en una cacerola o sartén que pueda llevar luego al horno, añada las especias y cocine lentamente para que liberen su sabor.

Incorpore el ajo y la cebolla y revuelva para impregnarlos bien del aceite especiado.

Sume la berenjena y el puré de tomate, mezcle. Coloque las cabezas de apio sobre las cebollas y berenjenas.

Espolvoree el caldo deshidratado, la miel, el jugo de lima y la pasta de tamarindo (puede reemplazar por jalea de membrillo si no tiene). Condimente bien.

Cubra el recipiente y lleve al horno. Cocine entre 50 minutos y una hora, o hasta que los apios estén bien cocidos.

Si la preparación resultara demasiado húmeda, cocine a fuego lento en la hornalla para espesar, revolviendo ocasionalmente.

Divida las berenjenas en bols profundos y cubra con una cabeza de apio braseada.

PORCIONES: 4
PREPARACIÓN: 20min
COCCIÓN: 15-20min

FRITURA DE ZUCCHINI CON ADEREZO DE REPOLLO PICANTE

Cuando era un aprendiz de cocina, las frituras de zucchini eran tenidas por novedosas; la verdad es que pueden ser muy ricas, pero también salir horribles. La clave para lograr el mejor resultado es asegurarse de que el aceite esté bien caliente y freírlas en tandas.

Para el aderezo de repollo

½ repollo blanco pequeño cortado en rodajas finas

1 cda de raíz de jengibre picada

2 cdas de aceite de sésamo

4 cdas de aceite de oliva

5 cdas de vinagre de arroz

2 cdas de azúcar impalpable

Sal y pimienta negra

Una pizca o dos de ají molido

Para los zucchini

2 zucchini grandes bien lavados

2 cdas de harina de garbanzos

4 huevos ligeramente batidos

300 g de harina de maíz

2 cdas de semilla de cebolla negra (ver pág. 95)

Aceite vegetal neutro, para freír

Prepare la ensalada: coloque en un bol el jengibre y el repollo, bata en un recipiente los aceites, vinagre, azúcar, sal, pimienta y ají molido. Derrame sobre el repollo y el jengibre y mezcle bien. Deje que los sabores se integren 30-40 minutos.

Corte los zucchini en rodajas gruesas. Ubique la harina de garbanzos y el huevo en dos bols separados. Combine la harina de maíz y las semillas de cebolla en un tercer bol.

Pase las rodajas de zucchini por la harina de garbanzos y recubra bien, luego pase por el huevo y finalmente por la mezcla de harina de maíz y las semillas de cebolla, impregnándolas bien.

En una cacerola o wok, vierta suficiente aceite de canola como para cubrir las rodajas de zucchini, luego caliente el aceite a 180ºC o hasta que un cubo de pan se dore en 10 segundos.

Fría los zucchini en pequeñas tandas hasta que estén dorados, espolvoree con sal y pimienta y reserva en un plato caliente cubierto con papel de aluminio.
Sirva con el aderezo de repollo picante.

PURÉ DE ACEITUNAS CON HUEVOS Y PIMIENTOS

PORCIONES: 4
PREPARACIÓN: 20min
COCCIÓN: 25min

Este es un gran plato principal o también una entrada que hice inspirado en mi infancia, cuando mi papá pelaba un huevo hervido sobre un puré de papas preparado por mi mamá. Los pimientos colorados y el ají picante que acompañan las aceitunas negras y el huevo pasado por agua, a mi gusto, conforman una mezcla deliciosa.

500 g papas cortadas en trozos pequeños

75 g manteca pomada

200 ml leche tibia

50 g aceitunas negras sin carozo y picadas

120 g de morrones en conserva picados

1-2 ajíes picantes en conserva picados

4 cdas de hojas de perejil picadas

4 huevos pasados por agua (4 minutos), sin cáscara y enteros

Sal y pimienta negra

Sal de apio, para servir

Hierva las papas a partir de agua fría con un poco de sal durante 20 minutos, o hasta que estén muy tiernas.

Cuele bien y vuelva las papas a la cacerola. Lleve la cacerola a fuego muy lento para evaporar el exceso de agua; esto solo llevará unos segundos.

Pise con un pisapapas, añada la manteca y suficiente leche para dar una consistencia cremosa y homogénea al puré. Condimente con sal y pimienta. Revuelva el puré con un batidor o con una cuchara de madera.

Incorpore las aceitunas, los morrones y el perejil. Mezcle muy bien y verifique los condimentos.

Divida el puré en 4 platos y cubra con un huevo pasado por agua. Espolvoree con sal de apio y sirva.

PORCIONES: 4
PREPARACIÓN: 45min
COCCIÓN: 30min

CANNELLONI DE BERENJENAS CON SALSA DE REMOLACHA

Una vez cociné este plato para unos amigos italianos; quedaron realmente fascinados. La equilibrada combinación de quesos y verduras hace que este sea un plato principal especialmente recomendado para los vegetarianos.

Para los cannelloni

8 cdas de aceite de oliva, más una cantidad extra para engrasar y pincelar

1 berenjena grande cortada longitudinalmente en 8 rodajas

150 g de ricota

100 g de queso parmesano

Pizca de orégano deshidratado

2 dientes de ajo picados

4 cdas de cebolla de verdeo picadas

100 g de arroz basmati cocido

1 huevo mediano batido

16 hojas de albahaca

Sal y pimienta blanca

Para la salsa de remolacha

4 remolachas cocidas cortadas en cubos de ½ cm

250 g tomates cherry en mitades

4 cdas de aceite de oliva

2 cdas de hojas de albahaca picadas

2 cdas de vinagre de jerez

Pimienta negra recién molida

Caliente el horno a 200ºC. Engrase una asadera de 24 x 24 x 4 cm. Caliente 2 cucharadas de aceite de oliva en una sartén. Añada un par de rodajas de berenjena y cocine 2-3 minutos por lado, hasta que estén ligeramente coloreadas y tiernas. Seque con papel de cocina y condimente. Repita el proceso con las berenjenas restantes.

Coloque los quesos, el arroz, el orégano, ajo, cebolla de verdeo y el huevo en un bol, condimente y mezcle bien. Disponga las rodajas de berenjena en una tabla de picar.

Extienda la mezcla de arroz y queso en las 8 rodajas, cubra con 2 hojas de albahaca y enrolle con cuidado, ayudándose con los índices de cada mano. Transfiera a una asadera ligeramente engrasada, vierta encima aceite, sal y pimienta. Hornee 20 minutos.

Mientras tanto, ubique en un bol las remolachas, los tomates cherry, el aceite, la albahaca y el vinagre de jerez, condimente y revuelva bien. Deje que los sabores de la salsa se integren mientras se cocinan los cannelloni.

Cuando estén cocidos retire del horno, derrame la salsa de remolachas y sirva en la misma fuente.

PILAF AL CURRY CON CASTAÑAS DE CAJÚ

PORCIONES: 4 como principal, 8 como entrada
PREPARACIÓN: 14min
COCCIÓN: 4min

Me gustan los platos de arroz en todas sus variedades. Este es como un curry indio, pero sin carne ni pescado, solo contiene arroz y especias. Los puristas pueden despreciar este tratamiento del pilaf, pero se luce muy bien en la mesa.

2 cdas de aceite de oliva

2 zucchini en trozos pequeños

200 g de garbanzos cocidos y escurridos

100 g de arvejas frescas o congeladas

1 cebolla morada mediana picada

½ cdta de ají molido

2 cdtas de semillas de comino

1 cdta de cúrcuma

225 g arroz basmati

100 ml de vino blanco

10 g de caldo deshidratado de verduras

4 cdas de hojas de cilantro picadas

25 g de manteca

110 g de castañas de cajú

Sal y pimienta negra

Galletas de arroz o tortillas de harina de garbanzos (papadums)*, para servir

Caliente el horno a 200ºC. Caliente el aceite de oliva en una sartén o cacerola que luego pueda llevar al horno. Agregue los zucchini y las arvejas y cocine un par de minutos para dorarlos.

Añada la cebolla y las especias y cocine a fuego suave 5 minutos, o hasta que estén suaves. Sume el arroz y revuelva bien para impregnar los granos de aceite, luego vierta el vino, el caldo deshidratado y 600 ml de agua. Condimente y lleve a hervor sin dejar de revolver.

Cubra la cacerola y hornee 14-16 minutos, o hasta que el arroz esté tierno. Retire del horno y mezcle bien.

Incorpore el coriandro, la manteca y las castañas, revuelva y vuelva a tapar el recipiente. Deje descansar 5 minutos.
Sirva el pilav con galletitas de arroz o papadums.

* Los papadams son tortillas crocantes de harina de garbanzos (u otras legumbres) usadas ampliamente como acompañamiento en la cocina india.

TORTAS, MASAS, BIZCOCHOS & POSTRES

LAS RECETAS: MEZCLA DE HARINAS/ MASA PARA TARTAS / TORTA HÚMEDA DE FRUTAS / PAN DE JENGIBRE / BAY BISCUITS DE LIMA Y LIMÓN / CHEESECAKE DE ARÁNDANOS / TORTA DE CHOCOLATE CON DIP DE MANZANAS / BIZCOCHOS DE NARANJA Y LIMA / SCONS SALADOS / GALLETAS DE SÉSAMO Y PIMIENTA NEGRA / TORTA ESPONJOSA DE MAÍZ CON FONDANT DE FRUTAS / BROWNIES DE CHOCOLATE CON SALSA DE DULCE DE LECHE / MUFFINS DE CHOCOLATE AMARGO Y CEREZAS / SCONS DULCES / TORTA DE ALMENDRAS CON JARABE DE MENTA / TORTA DE MERENGUE CON CASTAÑAS CREMOSAS / BIZCOCHUELO DE CUMPLEAÑOS / MOUSSE HELADA DE GROSELLAS NEGRAS / *SYLLABUB* DE VINO TINTO CON PASAS / TARTA BAKEWELL / MOUSSE DE MANDARINAS GLASEADAS / CHEESECAKE DE DULCE DE LECHE/ MOUSSE DE LIMA CON MENTA MACHACADA / MOUSSE DE CHOCOLATE MUY FÁCIL / CRUMBLE DE MANZANAS VERDES Y PERAS / DURAZNOS HORNEADOS CON CREMA DE CARAMELO / TORTA DE NARANJAS SIN HARINA / ARROZ CON LECHE AL ESTILO INDIO CON NUECES, FRUTAS Y AZAFRÁN / MOUSSE LIVIANA DE POMELO ROSADO / RUIBARBO HORNEADO CON SALSA MOUSSELINE

RINDE: 1 kg
PREPARACIÓN: 5min
COCCIÓN: ninguna

MEZCLA DE HARINAS

Probé muchas versiones de esta receta, intercambiando distintas variedades, hasta que encontré la fórmula perfecta. Esta es una alternativa para harinas con gluten. Si lo que quiere es una harina leudante, simplemente añada a esta misma base 50 g de polvo para hornear apto para celíacos.

300 g de harina fina de maíz o harina de castañas
500 g de harina de arroz integral
200 g de fécula de maíz

Ponga todas las harinas en un recipiente plástico o lleve a una procesadora de alimentos y procese hasta que estén bien mezcladas. Así puede almacenarlas en un recipiente hermético hasta 6 meses.

RINDE: 1 base de 23 cm
de diámetro
PREPARACIÓN: 10min
COCCIÓN: 15min

MASA PARA TARTAS

Es sabido que las masas sin gluten tienden a ser quebradizas. Por eso, conviene usar aquellas que no necesiten estirarse demasiado para amoldarse, como ésta.

225 g de mezcla de harinas (ver arriba)
100 g de manteca fría y cortada en cubos
1 cdta de goma xántica
pizca de sal

1 huevo mediano
manteca o aceite, para engrasar

Caliente el horno a 190ºC. Engrase una pizzera de 23 cm. Lleve todos los ingredientes a una procesadora, excepto el huevo, y mezcle hasta lograr migas finas. Añada el huevo y pulse hasta que la mezcla se ligue. Puede necesitar añadir unas gotas de agua fría. Extienda sobre una superficie enharinada y amase ligeramente para lograr una masa suave y homogénea.

Dé a la masa la forma de un chorizo achatado, corte un pedazo y, con los dedos enharinados, presione contra la pizzera para que se amolde. Cubra con papel manteca y porotos. Hornee 15 minutos.

TORTA HÚMEDA DE FRUTAS

RINDE: 1 base de 23cm de diámetro
PREPARACIÓN: 20min, más 1 hora de embebido
COCCIÓN: 1 hora

El secreto de esta torta es hidratar las frutas secas antes de la cocción. Acá la fruta es hervida, enfriada y utilizada solo cuando está jugosa. Si usa frutas secas sin hidratar, ocurrirá que éstas se rehidratarán en la cocción y absorberán la humedad de toda la preparación. Esto es especialmente cierto con los panes y las tortas de Navidad. Puede servir esta torta con helado de vainilla, como postre.

450 g de frutas secas surtidas

50 g de cerezas deshidratadas picadas

225 g de manteca cortada en cubos chicos

250 g azúcar impalpable

2 huevos grandes batidos

2 cdas de miel de caña

290 g de mezcla de harinas (ver receta en pág.152)

1½ cdtas de bicarbonato de sodio

1½ cdta de crémor tártaro

1 cdta de goma xántica

2 cdta de mezcla de especias para tortas

manteca molida y harina apta para

celíacos, para preparar el molde

Coloque la fruta, la manteca, el azúcar y 200 ml de agua fría en una cacerola y lleve a hervor revolviendo. Hierva 5 minutos, revolviendo cada tanto. Cubra y deje enfriar.

Caliente el horno a 180ºC. Cubra un molde desmontable de 23 cm de diámetro y 8 cm de profundidad con papel manteca enmantecado y enharinado.

Ubique la mezcla de frutas en un bol grande. Agregue el resto de los ingredientes y mezcle bien. Extienda la mezcla en el molde preparado.

Cocine hasta que la masa se haya levantado y tenga un color marrón oscuro, más o menos 1 hora. No abra la puerta del horno con mucha frecuencia mientras la torta se hornea, de lo contrario se hundirá en el centro.

Retire del horno y enfríe completamente. Si la conserva en film transparente, la torta se mantendrá hasta 1 semana.

PORCIONES: 18
PREPARACIÓN: 15-20min
COCCIÓN: 30min

PAN DE JENGIBRE

Después de haber trabajado en el pueblo de Grasmere, dentro del condado de Cumbria -cuna del famoso pan de jengibre- no podía dejar de incluir esta receta. Esta versión está hecha con miga de bizcochos de manteca y es deliciosa.

Para las migas de bizcochos de manteca

100 g de fécula de maíz
100 g de harina de arroz
80 g azúcar impalpable
100 g de manteca fría cortada en cubos

Para el pan de jengibre

150 g de azúcar morena
3 cdtas de jengibre molido

55 g de jengibre cristalizado (o 25 g de raíz de jengibre fresca picada)
70 g de Mezcla de Harinas (ver pág. 152)
½ cdta de polvo de hornear
55 g de jarabe de maíz
55 g de miel de caña
85 g de manteca

Caliente el horno a 200ºC.

Haga la masa de bizcochos de manteca: Coloque la fécula de maíz, la harina de arroz y el azúcar impalpable en una procesadora de alimentos y pulse para integrarlos. Añada la manteca en cubos y procese hasta lograr migas finas. Incorpore 3-4 cucharadas de agua y pulse hasta que la mezcla empiece a formar una masa.
Transfiera a una placa para horno de 20 x 30 cm. Hornee 15 minutos, o hasta que esté dorada. Deje enfriar. Retire de la placa.

Baje la temperatura del horno a 180ºC. Cubra la placa con papel manteca.

Haga el pan de jengibre: Procese 300 g de la masa de bizcochos de manteca enfriada con el azúcar, hasta lograr migas finas. Agregue el jengibre molido y el jengibre cristalizado (o fresco picado), la harina y el polvo para hornear. Pulse para mezclar bien.

En una cacerola, caliente el jarabe de maíz, la miel de caña y la manteca. Cuando la manteca se haya disuelto, incorpore la preparación anterior y revuelva con una cuchara de madera para combinar los ingredientes.

Extienda con el canto de una cuchara sobre la placa cubierta con papel manteca. Hornee 15 minutos y luego deje enfriar. Corte en cuadrados y sirva.

BAY BISCUITS DE LIMA Y LIMÓN

PORCIONES: 6
PREPARACIÓN: 10mins
COCCIÓN: 15mins

Esta torta -fraccionada para hacer bizcochos- tiene una textura suave y un toque alimonado.

1 base de masa de naranja y lima
(ver página 159)
2 huevos grandes
150 g de azúcar impalpable
jugo de 2 limones grandes
20 g de harina de castañas
½ cdta de goma xántica
azúcar impalpable para espolvorear

Caliente el horno a 190°C. Estire la masa en forma de chorizo achatado, corte un círculo y acomode en un molde de 11 x 35 x 3 cm. Corte todo exceso de masa y no se preocupe mucho por la apariencia de la preparación a esta altura.

Presione la masa contra el fondo y pinche con un tenedor. Hornee 12 minutos hasta que esté cocida y ligeramente dorada. Deje enfriar y coloque la asadera dentro de otra asadera más grande, para evitar que la mezcla de huevos ensucie el horno (es bastante corrediza).

En un bol mediano bata los huevos y el azúcar. Agregue el jugo de limón, la harina de castañas y la goma xántica. Pase la mezcla por un lienzo y cuele en una jarra. Vierta la crema de limón sobre la masa cocida.

Ubique con cuidado en el horno y cocine durante 15 minutos o hasta que la crema de limón esté asentada, aunque no totalmente firme.

Retire del horno y deje enfriar completamente. Cuando esté fría, corte en 6 barras y espolvoree con azúcar impalpable para servir.

PORCIONES: 10 barras
PREPARACIÓN: 10min
COCCIÓN: 30-35min

CHEESECAKE DE ARÁNDANOS

Esta suave cheesecake acompaña de maravillas una taza de té.

1 base de masa de naranja y lima
(ver página 159)
400 g de queso crema
2 huevos medianos
2 cdtas de esencia de vainilla
170 g de azúcar impalpable
75 g de arándanos deshidratados
azúcar impalpable para espolvorear

Caliente el horno a 190°C. Estire la masa en forma de cilindro achatado, corte un círculo y acomode en un molde de 21 x 29 x 3 cm. Corte todo exceso de masa y no se preocupe mucho por la apariencia de la preparación a esta altura.

Presione la masa contra el fondo del molde y pinche con un tenedor. Hornee 12 minutos, hasta que esté cocida y ligeramente dorada. Deje enfriar.

En un bol, bata el queso crema hasta que esté liviano y cremoso, alrededor de 5 minutos. Sume los huevos, el extracto de vainilla y el azúcar y bata bien.

Incorpore los arándanos y vierta sobre la masa de tarta.

Cocine 15-20 minutos; no se pase en la cocción: la crema no debería estar muy firme cuando saque la torta del horno. Deje enfriar totalmente antes de desmoldar, espolvoree con azúcar impalpable y corte en 10 barras.

PORCIONES: 8-12
PREPARACIÓN: 10min
más 1-2 horas de frío
para que se asiente
COCCIÓN: 35min

TARTA DE CHOCOLATE CON DIP DE MANZANAS

Qué linda combinación: chocolate dulce y cremoso con la acidez de las manzanas del dip. ¡Sencillamente soberbio!

Para la base

150 g de harina de arroz integral

55 g de azúcar impalpable

115 g de manteca

manteca o aceite para engrasar

Para el relleno

150 g de manteca

150 g de azúcar negra

397 g de leche condensada (ver receta
  en pág. 22)

Para la cobertura

200g de chocolate con leche, partido en trozos

55g de chocolate blanco (opcional), partido en
trozos

Para el dip

4 manzanas verdes, peladas y descorazonadas

150g de azúcar glasé

1 cdta de canela molida

cáscara rallada y jugo de 1 limón

cáscara rallada y jugo de 1 naranja

Caliente el horno a 180ºC. Engrase un molde cuadrado de 20 cm y cubra con papel manteca. Para preparar la masa, combine la harina de arroz y el azúcar y luego agregue la manteca, mezclándola con los dedos hasta que se formen migas gruesas. Extienda la masa sobre el papel manteca y hornee 15-20 minutos o hasta que esté apenas dorada.

Prepare el relleno: disuelva la manteca y el azúcar en una cacerola antiadherente a fuego moderado. Añada la leche condensada revolviendo continuamente hasta lograr un caramelo dorado. Retire del fuego cuando las primeras burbujas del hervor asomen a la superficie. Extienda el caramelo en forma pareja sobre la base de masa y enfríe 30 minutos en la heladera.

Ubique las manzanas, el azúcar, la canela y las cáscaras y jugos cítricos en una cacerola mediana. Cocine hasta que las manzanas estén cocidas pero firmes. La preparación debería ser ligeramente seca, no muy húmeda. Enfríe y reserve. Derrita a baño María los dos chocolates (si los usa) en bols separados.

Vierta el chocolate con leche sobre el caramelo. Opcional: derrame rápidamente el chocolate blanco y revuelva para lograr un efecto marmolado. Deje asentar.
Cuando el chocolate se haya asentado, corte el bizcocho en cuadrados y sirva con el dip.

BIZCOCHOS DE NARANJA Y LIMA

PREPARACION: 12 bizcochos
PREPARACIÓN: 5min
COCCIÓN: 10min

La astringencia de los cítricos constrasta bien con el fondo de manteca de estos bizcochos.

100 g de fécula de maíz

100 g de harina de arroz

80 g de azúcar impalpable

100 g de manteca fría cortada en cubos

Jugo de 1 lima

Cáscara rallada de 1 naranja pequeña

Fécula de maíz para amasar

Manteca o aceite para engrasar

Azúcar impalpable para espolvorear

Caliente el horno a 200ºC. Engrase una placa para horno. Procese en una licuadora la fécula de maíz, la harina de arroz y el azúcar hasta que se combinen bien. Añada la manteca en cubos y pulse hasta lograr migas finas.

Agregue el jugo de lima y la cáscara de naranja y mezcle otra vez. Transfiera a una mesada enharinada con fécua de maíz y amase bien. Estire rápidamente la masa; espolvoree con más fécula de maíz si se pegara a la mesada. Con un cortador de masa circular de 6 cm forme 12 bizcochos y disponga en la placa. Hornee 10-12 minutos, luego deje enfriar. Espolvoree con azúcar impalpable y sirva.

PORCIONES: 12 scons pequeños
PREPARACIÓN: 5min
COCCIÓN: 10min

SCONS SALADOS

140 g de Mezcla de Harinas (ver receta en pág. 152)

2 pizcas de crémor tártaro

2 pizcas de bicarbonato de sodio

Sal y pimienta negra

1 huevo mediano ligeramente batido

1 cda de mostaza de grano entero

8 cdas de leche

2 cdas de hojas de cilantro picadas aceite
    vegetal para freír

En un bol, combine la mezcla de harina, crémor tártaro, el bicarbonato de sodio y los condimentos. Agregue el huevo y la mostaza y mezcle bien, luego añada la leche y el cilantro picado.

Caliente un poco de aceite en una sartén. Vierta 2 cucharadas de la masa en el aceite caliente. Cocine 2-3 minutos o hasta que los costados y la superficie estén asentados, luego dé vuelta y cocine 1-2 minutos más. Repita hasta que no quede más mezcla.

GALLETAS DE SÉSAMO Y PIMIENTA NEGRA

PORCIONES: 16
PREPARACIÓN: 10min
COCCIÓN: 8-10min

La masa de estas galletitas es similar a la de los barquillos. Tienen un sabor delicioso, que se enriquece con el matiz de los granos de pimienta negra apenas molidos.

125 g de azúcar impalpable
25 g de manteca
3 cdas de miel
30 g de harina de arroz
1 cdta de granos de pimienta negra machacados
1 cdta de goma xántica
200 g de semillas de sésamo
sal

Caliente el horno a 190ºC. Cubra una placa para horno con papel manteca.

Coloque el azúcar, la miel, la manteca y 2 cucharadas de agua en una cacerola antiadherente. Lleve a hervor a fuego suave, siga revolviendo 1 minuto y retire del fuego.

Agregue la harina de arroz, la pimienta negra, la goma xántica, las semillas de sésamo y la sal. Mezcle bien y deje enfriar a temperatura ambiente.

Forme esferas de 4 cm de diámetro y ubique en una placa para horno enmantecada; achátelas ligeramente con el canto de una cuchara y deje suficiente espacio entre ellas para que se expandan.

Cocine las galletas 8-10 minutos o hasta que se hayan expandido y tengan color. Deje enfriar en la placa para horno.

PORCIONES: 4-6
PREPARACIÓN: 15min
COCCIÓN: 20min

TORTA ESPONJOSA DE MAÍZ CON FONDANT DE FRUTAS

La cobertura de frambuesas y el fondant de azúcar coronan muy bien esta receta. Y si la deja descansar alrededor de 30 minutos antes de servir, las frambuesas humedecerán la masa esponjosa dando un resultado todavía mejor.

Para la masa esponjosa

175 g de manteca, a temperatura ambiente
225 g de azúcar impalpable
3 huevos medianos batidos
3 cdtas de polvo de hornear
cáscara de 1 limón
2 cdtas de esencia de vainilla
250 g de harina de maíz

500 g de frambuesas
manteca para engrasar

Para el fondant

4 cdas de jugo de lima
250 g de azúcar impalpable con jarabe de glucosa

Caliente el horno a 180ºC y engrase una placa para hornear de 20 x 24cm.

En un bol, combine la manteca y el azúcar y bata hasta lograr una crema. Agregue los huevos, el polvo de hornear, la cáscara de limón, esencia de vainilla y la harina de maíz. Mezcle bien. Sume la mitad de las frambuesas y revuelva con cuidado.

Vuelque en la placa engrasada y hornee hasta que se haya levantado, unos 20 minutos. Deje enfriar.

En un bol mediano, mezcle el jugo de lima y el azúcar hasta que tenga la consistencia de una crema muy espesa. Con una espátula, cubra la masa esponjosa con la mitad del fondant y luego con las frambuesas restantes. Aplique el resto del fondant con una manga y deje asentar a temperatura ambiente.

BROWNIES DE CHOCOLATE CON SALSA DE DULCE DE LECHE

PORCIONES: 4-6
PREPARACIÓN: 20min, más tiempo de frío
COCCIÓN: 25-35min

La clave para sacar unos brownies deliciosos es dejarlos enfriar por completo antes de cortarlos y comerlos. Soy consciente de que atenta contra la silueta, pero me gusta servirlos con helado y dulce de leche.

40 g de jarabe de maíz o miel de caña

110 g de manteca

175 g de azúcar impalpable

160 g de chocolate amargo cortado en trozos

4 huevos

20 g de harina de arroz

20 g de harina de garbanzos

1 cdta de goma xántica

25 g de pasas de uva

1 cdta de canela molida

1 cdta de cardamomo molido

25 g de chocolate blanco picado

50 ml de brandy

cáscara rallada de 1 naranja

400 g de dulce de leche

azúcar impalpable y helado de vainilla, para servir

Caliente el horno a 180°C. Cubra un molde de 15 x 20 x 4 cm con papel manteca. En un bol resistente al calor mezcle el jarabe de maíz o miel de caña, la manteca, el azúcar y el chocolate amargo; derrita a baño María.

En otro bol, bata los huevos; sume la preparación anterior y revuelva. Vierta las harinas, la goma xántica, las pasas de uva, especias, el chocolate blanco, el brandy y la cáscara de naranja. Mezcle bien.

Extienda la masa en el molde, lleve al horno y cocine 25-35 minutos. Mientras tanto, bata el dulce de leche en un recipiente.

Una vez listo, retire los brownies del horno y deje enfriar antes de cortar.

Espolvoree con azúcar impalpable, sirva acompañado por el dulce de leche y el helado de vainilla.

MUFFINS DE CHOCOLATE AMARGO Y CEREZAS

En mi opinión, los muffins son tan populares porque son en general fáciles de preparar e ideales para cocinar con chicos. Lo irónico es que el gran enemigo de todo muffin es el gluten. Cuanta más harina de trigo tiene una receta, más compactos se vuelven. Es por eso que los muffins sin gluten tienen mejor textura.

150 g de harina fina de maíz

100 g de Mezcla de Harinas (ver receta en pág. 152)

2 cdtas de polvo de hornear

150 g de azúcar impalpable

1½ cdtas de goma xántica

4 cdas de aceite de oliva

1 huevo mediano

250 ml de leche

100 g de cerezas en almíbar picadas

75 g de chocolate amargo roto en pedazos

sal

Caliente el horno a 200°C. Coloque 8 pirotines en un molde para muffins.

Ubique la harina de maíz, la mezcla de harinas, el polvo para hornear, el azúcar, la goma xántica y una pizca de sal en un bol y mezcle bien.

En una jarra, bata juntos el aceite, el huevo y la leche.

Vierta los ingredientes húmedos sobre los ingredientes secos y revuelva bien, luego agregue las cerezas y el chocolate. La preparación debería ser suave, pero no demasiado líquida o demasiado densa.

Divida la preparación en los 8 pirotines y luego cocine durante 20-25 minutos o hasta que se hayan levantado y estén dorados.

SCONS DULCES

PORCIONES: 12
PREPARACIÓN: 10min
COCCIÓN: 10-12min

Los scons son una de las cosas más difíciles de preparar sin gluten. Sin embargo, creo que di en la tecla con esta receta.

300 g de Mezcla de Harinas (ver receta en pág. 152)

4 cdtas de polvo de hornear

1 cda de azúcar impalpable

2 cdtas de goma xántica

100 g de manteca

2 huevos medianos

125 ml de leche

Sal

Manteca para engrasar

Harina para extender la masa

1 huevo batido para pincelar

Mermelada de frutillas y queso crema, para servir

Caliente el horno a 220ºC. Engrase ligeramente una placa para horno.

Tamice los ingredientes secos y una pizca de sal en un bol grande. Con los dedos, integre la manteca en las harinas. Haga un hoyo en el centro de la mezcla.

Bata juntos los huevos y la leche. Vierta en el hoyo de la corona de harina. Forme una masa blanda.

Lleve la masa a una superficie enharinada; presione con la palma hasta que tenga 2cm de alto, luego corte 12 círculos con un cortador de masa de 6 cm. Ubique en la placa y pincele con huevo.

Hornee hasta que los scons se hayan levantado y estén bien dorados, más o menos 10 minutos.

Retire del horno y enfríe en una rejilla. Coma los scons untados con mermelada y queso crema o crema batida.

PORCIONES: 6-8
PREPARACIÓN: 20min,
más tiempo para enfriar
COCCIÓN: 45-50min

TORTA DE ALMENDRAS CON JARABE DE MENTA

Hay aquí una gran combinación de ingredientes deliciosos: menta, chocolate y miel. Se sabe que es muy difícil lograr alternativas libres de gluten para masas y tortas, pero pude hacerlo aquí: se trata de una torta con cobertura crocante, húmeda y sabrosa. .

Para la torta

200 g de manteca

200 g de chocolate amargo roto en pedazos

5 huevos medianos, separados

Pizca de crémor tártaro

240 g de azúcar impalpable

1 cda de esencia de vainilla

200 g de almendras picadas

50 g de harina de garbanzos

Para el jarabe

100 g de azúcar impalpable

4 cdas de hojas de menta picadas

Para la cobertura

500 g de mascarpone

50 g de miel sólida

100 g de miel líquida

Caliente el horno a 180ºC. Cubra con papel manteca un molde desmontable redondo de 24 cm x 7cm de alto.

Coloque la manteca y el chocolate en un bol resistente al calor y derrita en baño María. Cuando estén disueltos, retire la cacerola del fuego pero deje dentro el bol, para que conserve el calor.

Haga un merengue: bata las claras y el crémor tártaro hasta que estén densas y espumosas, luego añada la mitad del azúcar, bata otra vez hasta que la preparación tenga una consistencia cremosa.
Incorpore el resto del azúcar y bata hasta que la mezcla esté bien firme, pero conserve su consistencia cremosa.

Vuelque las yemas, la esencia de vainilla, las almendras molidas y la harina de garbanzos sobre la mezcla de chocolate, e inmediatamente agregue la mitad del merengue, batiendo.

Finalmente, sume el merengue restante y revuelva.

Extienda la masa sobre el molde y hornee 45-50 minutos, o hasta que se haya levantado y esté firme.

Retire del horno y deje enfriar sin desmoldar. Con un cuchillo o escarbadientes, haga pequeños agujeros en la superficie.

Mientras tanto, coloque el azúcar, 100 ml de agua y las hojas de menta en una cacerola; hierva hasta disolver el azúcar, luego cuele. Derrame sobre la torta y deje enfriar por completo.

Cuando la torta se haya enfriado, revuelva el mascarpone y ambas mieles con una espátula o cuchara de madera. No bata muy rápido, o el mascarpone se ablandará demasiado y no podrá dar estructura a la torta.

Desmolde la torta sobre una fuente larga y playa. Al no tener gluten, la textura de la torta será más frágil, así que trátela con cuidado. Unte con la mezcla de mascarpone y miel.

Sirva inmediatamente o enfríe 1 hora. Si quiere conservarla para el día siguiente, retírela de la heladera 1 hora antes de servir.

TORTA DE MERENGUE CON CASTAÑAS CREMOSAS

PORCIONES: 6-8
PREPARACIÓN: 10min
COCCIÓN: 1¼ hora

Inventé esta receta hace un par de años y nunca deja de impresionar. El puré de castañas, un ingrediente no muy usado en estos días, le da un sabor delicioso. Una vez hecha, cuanto más tiempo deje la torta en la heladera, más esponjosa se vuelve. Un buen postre para Navidad.

4 huevos medianos
Pizca de crémor tártaro
230 g de azúcar impalpable
1 cdta de fécula de maíz
1 cdta de esencia de vainilla
1 cdta de vinagre

600 ml de crema de leche
100 g de castañas en conserva, pisadas con un tenedor
200 ml de Baileys
Jugo de 1/2 limón
Azúcar impalpable, para espolvorear

Caliente el horno a 130ºC. Cubra un molde de 37 x 27 cm con papel manteca.

Coloque las claras y el crémor tártaro en un bol y bata hasta que estén ligeras y espumosas. Añada la mitad del azúcar y bata bien hasta que la mezcla esté densa y brillante; no bata de más: si lo hace, el merengue se volverá demasiado firme. Sume el resto del azúcar y revuelva solo para integrar, más o menos 2 minutos. Incorpore la fécula de maíz, la vainilla y el vinagre y mezcle bien.

Extienda en un molde preparado y cocine durante 1 hora y 15 minutos. Retire del horno y enfríe ligeramente, luego corte horizontalmente en 3 partes iguales. Enfríe completamente.

Bata juntos la crema, el puré de castañas y el Bailey's en un bol hasta que estén espesos, luego agregue el jugo de limón; no bata de más.

Rápidamente, derrame la mitad de la crema sobre uno de los merengues, cubra con una segunda capa de merengue, unte con la crema restante y tape con la última capa de merengue.

Presione con una rejilla o con otro molde (para hacer presión en forma pareja) y espolvoree con azúcar impalpable. Enfríe 1 hora para que se asiente. La torta puede conservarse en la heladera hasta 4 horas antes de servir.

PORCIONES: 2 x 23 cm
bases redondas
PREPARACIÓN: 15min
COCCIÓN: 25-30min

BIZCOCHUELO DE CUMPLEAÑOS

Como bizcochuelo es bastante bueno. La glicerina ayuda a que la masa se mantenga blanda, igual que la manteca. Una vez cocido se secará rápidamente debido a que la harina de arroz se reconstituirá, así que consérvelo en film transparente o cómalo fresco. Decore la torta según su estilo particular.

225 g de manteca a temperatura ambiente

397 g de leche condensada (receta en pág. 22)

75 g de fécula de papa

200 g de harina de arroz integral (ver pág. 4)

4 huevos medianos batidos

3 cdtas al ras de polvo para hornear

3 cdtas de esencia de vainilla

2 cdtas de glicerina

3 cdas de aceite de oliva

Manteca y harina de arroz integral, para preparar los moldes

Cobertura y relleno de su elección

Caliente el horno a 180°C. Engrase un molde redondo de 2 x 23 cm y espolvoree con harina de arroz integral. Sacuda el exceso de harina.

Coloque la leche condensada y la manteca en un bol y mezcle bien. Añada la fécula, la harina de arroz y los huevos batidos y revuelva.

Luego, incorpore el polvo de hornear, el extracto de vainilla, la glicerina, el aceite y 3 cucharadas de agua tibia y mezcle bien, si es posible con batidora eléctrica.

Extienda la masa en el molde preparado. Hornee 25-30 minutos, hasta que haya levantado bien y esté ligeramente dorada.

Cuando esté hecho, deje enfriar el bizcochuelo en el molde, luego desmolde. Para finalizar, haga un sándwich con su relleno favorito y cubra y decore como lo desee.

Es mejor consumir esta torta fresca, pero puede envolverla en film transparente y luego en film de aluminio para conservarla hasta 2 días.

PORCIONES: 4-6
PREPARACIÓN: 15mins
más una noche de freezer
COCCIÓN: ninguna

MOUSSE HELADA DE GROSELLAS NEGRAS

Esta es una buena manera de preparar un helado sin máquina heladora. Esta mousse es fácil y deliciosa y tiene una textura maravillosa. Me gusta servirla luego de una copiosa cena o de un almuerzo -todo lo que necesita es añadirle un poco más de puré de grosellas y fruta fresca para servir-. Un consejo: no haga puré de grosellas sin antes haberlas congelado, descongelado y licuado; de ese modo conservan su color. Lo mismo puede decirse de las frambuesas.

450 g grosellas congeladas, descongeladas
4 claras a temperatura ambiente
pizca de crémor tártaro
125 g de azúcar impalpable

250 ml de crema de leche, batida
aceite vegetal, para engrasar
fruta fresca, para servir

Engrase una budinera de 900 g y cúbrala con film transparente. Coloque las grosellas descongeladas y el jugo de limón en una procesadora de alimentos o licuadora y procese hasta lograr un puré homogéneo. Obtendrá aproximadamente 350 ml de puré. Páselo a través de un cedazo para desechar los hollejos y las semillas.

En un bol grande, bata las claras y el crémor tártaro hasta que estén espumosas, aunque suficientemente firmes como para sostener su propio peso. Agregue la mitad del azúcar y bata hasta que estén firmes, luego sume el azúcar restante y siga batiendo hasta que esté consistente.

Incorpore la crema al merengue, luego vierta 250 ml del puré y combine. Derrame la mezcla en el molde. Cubra con film transparente y matenga en el freezer toda la noche.

Para servir, desmolde la mousse y corte en rodajas, disponga en platos con el puré restante y un poco de fruta fesca a los costados.

SYLLABUB DE VINO TINTO CON PASAS

PORCIONES: 4
PREPARACIÓN: 15min
COCCIÓN: 5min

Esta variante del *syllabub*, un postre inglés típico del período georgiano, se usaba antaño para cubrir (aunque sin las pasas) un trifle. Luego era decorado con flores cristalizadas en caramelo, como violetas, caléndulas o rosas. Yo preparé esta receta para una película histórica y desde entonces me acompaña.

2 saquitos de té
85 g de pasas de uva
250 ml de vino tinto
175 g de azúcar impalpable
600 ml de crema de leche, apenas batida

cáscara rallada y jugo de 1 naranja
cáscara rallada y jugo de 1 limón

Para empezar, hierva agua e infusione los dos saquitos de té en una sola taza. Retire los saquitos. Coloque las pasas de uva en un bol pequeño y vierta el té sobre las pasas. Deje enfriar completamente, luego cuele bien.

Vuelque 3/4 del vino tinto (reserve el resto para servir) y el azúcar en la crema batida y bata para homogeneizar. Aparte ½ cdta de las cáscaras de cítricos para decorar, luego integre las cáscaras ralladas restantes junto con los jugos en la crema. La preparación espesará.

Divida las pasas de uva y el vino tinto restante en 4 copas, luego sirva el postre con una manga o con una cuchara. Enfríe bien. Espolvoree con las cascaritas de cítricos y sirva.

PORCIONES: 6-8
PREPARACIÓN: 20min
COCCIÓN: 35-40min

TARTA BAKEWELL

Investigué bastante acerca de los orígenes de esta tarta. Por lo que pude sacar en limpio, la receta Bakewell original tiene muchos pretendientes que reclaman su autoría. Lo cierto es que, muchos años antes de que la primera Tarta Bakewell se cocinara supuestamente por primera vez, un tipo especial de tarta ya se vendía en el pueblo de Bakewell. Mi versión no lleva harina y se sostiene con almendras y huevos. Verá que el centro se hundirá un poco, pero eso es normal.

Para la masa

100 g de fécula de maíz
100 g de harina de arroz
80 g de azúcar impalpable
100 g de manteca fría y cortada en cubos chicos
Jugo de 1 lima pequeña
Cáscara rallada de 1 naranja pequeña
Fécula de maíz para espolvorear

Para el relleno

3 cdas de mermelada de damasco
3 cdas de mermelada de frambuesa
2 huevos medianos
125 g de azúcar impalpable
125 g de manteca derretida
125 g de almendras picadas
Crema apenas batida, para servir

Caliente el horno a 180ºC. Coloque la fécula de maíz, la harina de arroz y el azúcar en una procesadora de alimentos y mezcle bien. Añada los cubos de manteca y pulse hasta que se formen migas finas. Vierta el jugo de lima y la cáscara de naranja y procese un poco más, luego retire y amase sobre una superficie enharinada.

Estire rápidamente la masa, acomode en un molde redondo para tartas antiadherente, de 24 x 3 cm de altura, enharinado con fécula de maíz. Cubra con papel de aluminio y porotos. Hornee 15 minutos para dar color y firmeza a la masa.

Suba el fuego a 190ºC. Unte ambas mermeladas en la base de tarta. Mientras tanto, mezcle los huevos y el azúcar en un bol y bata 15 minutos a alta velocidad, o hasta que estén bien espesos.

Derrame la manteca derretida y mezcle con cuidado. Luego, sume las almendras y cubra la tarta con esta mezcla. Hornee 20-25 minutos, o hasta que la cobertura esté cocida y la base dorada. Deje enfrir y sirva con un poco de crema apenas batida.

PORCIONES: 2-4
PREPARACIÓN: 15min
COCCIÓN: 5min

MOUSSE DE MANDARINAS GLASEADAS

Me gusta la fruta en almíbar, especialmente los duraznos y mandarinas. Este es un postre muy fácil, que puede lograrse en unos minutos con algunos ingredientes básicos. Se luce con un sorbete de grosellas negras o frambuesas. Tenga cuidado sin embargo: las yemas deben quedar bien cocidas cuando las bata a baño María; de lo contrario se separarán cuando reciban calor bajo el grill.

840 g de gajos de mandarina
5 yemas
100 g de azúcar impalpable
100 ml de vino blanco

cáscara de 1 limón
100 ml de crema batida
sorbete de frambuesa o arándanos, para servir

Quite la piel y las semillas a los gajos de mandarina.

En un bol resistente al calor, sobre agua hirviendo, coloque las yemas, el azúcar y el vino blanco. Bata hasta lograr una mezcla espumosa y espesa; esto debería llevar apenas unos minutos.

Retire el bol del baño María, añada la cáscara de limón y continúe batiendo hasta que esté fría. Llegado este punto, la preparación debería ser bien densa. Este proceso puede acelerarse colocando el bol dentro de un bol más grande lleno hasta la mitad con agua y hasta el borde con cubos de hielo (baño María inverso).

Disponga las mandarinas en la base de una fuente para horno cuadrada de 24cm.

Caliente el grill al máximo.

Añada gradualmente la crema batida a la mezcla de yemas hasta lograr la textura de una mousse homogénea, cuidando de no añadir mucha cantidad, ya que la mezcla se expande cuando toma temperatura.

Derrame sobre las mandarinas y ubique la fuente bajo el grill. Cocine hasta que la superficie tenga un profundo y parejo color dorado.

Sirva tibio con un sorbete de arándanos o frambuesa.

CHEESECAKE DE DULCE DE LECHE

PORCIONES: 6-8
PREPARACIÓN: 30min, más 1 hora para asentarse y una noche para enfriar
COCCIÓN: 45min

Este cheesecake es cremoso y perfecto, típico del estilo de Nueva York.

Para la base

55 g de manteca

1 cda de jarabe de maíz o miel de caña

½ base de masa de bizcochos de naranja y lima (ver pág. 159), cocinada y desmenuzada en migas

25 g de cacao en polvo

Manteca para engrasar

Para el relleno

400 g de queso crema

115 g de azúcar impalpable

1 cda de fécula de maíz

3 huevos medianos

3 cdas de jugo de limón

1½ cdta de esencia de vainilla

400 ml de crema de leche

400 g de dulce de leche

Para la salsa

500 g de arándanos frescos

2 cdas de azúcar moreno

100 ml de jugo de naranja

1 cda al ras de fécula de maíz

2 cdas de agua fría

Caliente el horno a 180°C. Cubra con papel manteca un molde desmontable redondo de 20 cm, luego engrase. Para preparar la base, derrita la manteca y el jarabe de maíz o la miel de caña en una cacerola mediana. En una procesadora de alimentos, procese las migas de bizcocho y el polvo de cacao hasta integrarlos en migas finas, luego añada a la mezcla de manteca. Extienda una capa uniforme dentro del molde engrasado, enfríe bien.

Prepare el relleno: en una procesadora de alimentos, combine el queso crema y el azúcar hasta que se hayan integrado. Agregue la fécula de maíz y procese una vez más mientras vierte los huevos, de a uno por vez. Finalmente, derrame el jugo de limón, la vainilla y la crema de leche y procese hasta homogeneizar.

Rodee la base del molde frío con papel de aluminio y luego repita con una segunda capa. Derrame el relleno sobre la masa. Caliente el dulce de leche en una cacerola pequeña hasta que esté semilíquido y aplique sobre el relleno. Ubique el molde frío en una fuente más grande, llena con 2.5 cm de agua muy caliente, que no sobrepase el papel de aluminio. Hornee la cheesecake en el centro del horno durante 45 minutos.

Apague el horno y deje que se la torta se asiente 1 hora sin abrir la puerta. Luego entibie sobre una rejilla y refrigere toda la noche. Coloque los arándanos, el azúcar y el jugo de naranja en una cacerola pequeña, lleve a hervor hasta que los arándanos suban a la superficie. Mezcle la fécula de maíz con el agua y añada a la salsa revolviendo continuamente. Cuando haya espesado retire del fuego inmediatamente y entibie. Sirva la torta bien fría.

PORCIONES: 4-6
PREPARACIÓN: 10min, más para enfriar
COCCIÓN: ninguna

MOUSSE DE LIMA CON MENTA MACHACADA

Me encanta esta mousse. Es muy simple de verdad y muy placentera para comer. Mi amiga y colega Bea Harling me sugirió que le agregara menta machacada. Moler menta y azúcar es una práctica bastante antigua y, en este caso, se convierte en un buen complemento para la suntuosidad de este postre ..

397 g de leche condensada (ver receta en pág. 22)
400 g de queso crema
cáscara rallada y jugo de 4 limas

12 hojas de menta
2 cdas de azúcar
jugo de 2 limones

En un bol, mezcle la leche condensada y el queso crema y bata hasta que esté espeso y homogéneo, alrededor de 7-8 minutos. Agregue la cáscara de lima y el jugo y mezcle 15 segundos. Vierta la mezcla en recipientes individuales y enfríe bien.

Machaque las hojas de menta en un mortero con azúcar y jugo de limón hasta que se hayan integrado, más o menos 2 minutos.

Derrame la mezcla de menta sobre la mousse y sirva; ¡es tan fácil como eso!

PORCIONES: 4
PREPARACIÓN: 25min
COCCIÓN: 10min

MOUSSE DE CHOCOLATE FÁCIL DE VERDAD

Esta es una receta fácil y a prueba de errores, que funciona bien siempre. Está entre mis favoritas desde hasce casi 20 años; y supongo que estará entre las suyas a partir de ahora.

1 huevo grande

2 yemas

400 g de chocolate amargo roto en pedazos

375 ml de crema batida

1 cda de brandy

4 cdas de agua hirviendo

4 cdtas de café instantáneo

4 cdas colmadas de azúcar impalpable

220 ml de crema de leche

chocolate rallado para decorar

Bata el huevo y las yemas en un bol resistente al calor sobre baño María, hasta que la mezcla esté espesa y espumosa.

Derrita el chocolate a baño María. Retire el bol con los huevos del baño María, agregue el chocolate derretido y revuelva, no se preocupe si se separa y parece demasiado espeso.

Luego, derrame la mitad de la crema, batiendo muy rápido hasta homogeneizar. Finalmente vierta el resto de la crema y el brandy, sin dejar de batir. Enfríe en la heladera dentro de vasos pequeños.

Para preparar la salsa, infusione el café en un poco agua hirviendo, deje entibiar. Añada el azúcar impalpable y la crema de leche; mezcle bien.

Para servir, retire los vasos de la heladera y cubra con la salsa de crema y café y un poco de chocolate rallado.

CRUMBLE DE MANZANAS VERDES Y PERAS

PORCIONES: 4-6
PREPARACIÓN: 10min
COCCIÓN: 35-40min

Cociné por primera vez esta torta en el programa *This Morning*, y la respuesta fue enorme. Es muy simple de preparar, y la harina de arroz integral realmente contribuye a la textura crocante a la torta. De hecho, prefiero esta versión a la que se elabora con harina de trigo.

Para la fruta

2 manzanas verdes grandes, peladas, descorazonadas
 y picadas grueso

50 g de azúcar negra
 cáscara y jugo de 1 naranja

1 vaina de vainilla partida

4 peras peladas, descorazonadas y cortadas en 8

Para el crumble

300 g de harina de arroz integral (ver pág. 4)

150 g de manteca, fría

Sal

150 g de azúcar impalpable

Helado de vainilla o crema pastelera, para servir

Caliente el horno a 200ºC. En una cacerola pequeña, caliente a fuego suave las manzanas, el azúcar, la cáscara y el jugo de naranja y las semillas de vainilla. Cocine hasta que las manzanas estén cocidas, pero no hechas puré. Luego, agregue las peras y cocine un par de minutos, solo hasta que comience el proceso de cocción. Transfiera la fruta a una placa para horno de 24 x 24 x 4 cm.

En una procesadora de alimentos, combine la harina de arroz y la manteca junto con dos pizcas de sal. Sume el azúcar y pulse; no trabaje de más la preparación.

Con cuidado, extienda el crumble sobre la fruta, sin presionar.

Hornee 25-30 minutos, o hasta que esté bien dorada y cocida.

Sirva con crema pastelera o helado.

DURAZNOS CON CREMA DE CARAMELO

PORCIONES: 4
PREPARACIÓN: 10min
COCCIÓN: 15min

Este plato depende de la madurez de los duraznos; si no están maduros, no los podrá descarozar. A la hora de hacer las compras, tenga en cuenta que la mayoría de los supermercados no venden fruta madura.

Los duraznos y esta típica salsa de caramelo se llevan bárbaro. ¡Disfrute!

140 g de azúcar negra
80 g de manteca
300 ml de crema de leche
6 duraznos maduros en mitades y sin carozo
Helado de vainilla, para servir

Caliente el horno a 220°C. Derrita a fuego lento el azúcar y 80 g de la manteca en una cacerola pequeña, y lleve a hervor. Agregue la crema y haga hervir nuevamente, revolviendo constantemente para que no se pegue.

Cuando haya logrado una crema homogénea, cuele con un cedazo o colador fino sobre un bol y cubra con film transparente.

Caliente una sartén que pueda llevar luego al horno, añada la manteca restante y caliente hasta que empiece a burbujear. Incorpore los duraznos en mitades, con el lado del corte hacia abajo, cocine por 1 minuto, luego lleve al horno. Hornee 3-4 minutos, dependiendo de la madurez de la fruta. Tienen que estar calientes, pero todavía un poco firmes.

Transfiera los duraznos a una fuente, derrame la mitad de la salsa. Sirva con cantidad extra de salsa y helado de vainilla.

TORTA DE NARANJAS SIN HARINA

PORCIONES: 6-8
PREPARACIÓN: 20min
COCCIÓN: 1 hora

Esta receta es obra de la mamá de mi amiga Polly, Carole; es deliciosa y nada común. Las naranjas se cocinan enteras en el microondas (¡es importante hacerles un par de inicisiones o pueden explotar!) y luego se pican y se mezclan con huevos.

2 naranjas medianas

3 huevos medianos

250 g de azúcar impalpable

cáscara rallada de 1 limón

200 g de almendras molidas

50 g de harina de castañas

1 cdta al ras de polvo para hornear

1 cdta al ras de goma xántica

manteca para engrasar

yogur natural o crema batida, para servir

Caliente el horno a 180ºC. Engrase ligeramente un molde antiadherente redondo para tortas de 20 cm.

Haga varias incisiones en la piel de las naranjas, coloque en un bol resistente al calor no metálico, cubra con film transparente, pinche el film y cocine en microondas con potencia alta durante 5-10 minutos, o hasta que estén bien tiernas. Una vez cocidas, no deberían ofrecer resistencia cuando las traspase con un cuchillo.

Entibie las naranjas y píquelas fino, o colóquelas en una procesadora de alimentos y pulse dos veces: tenga cuidado de no hacerlas puré, porque ese no es el punto que se necesita.

Coloque los huevos y el azúcar en un bol y bata a alta velocidad por 10 minutos o hasta que la mezcla esté realmente espesa y espumosa.

Con cuidado, incorpore las naranjas en la mezcla de huevos, seguidas por la cáscara de limón, las almendras molidas, la harina de castañas, el polvo para hornear y la goma xántica; revuelva hasta integrar.

Extienda en el molde engrasado y cocine 45 minutos, o hasta que tome buen color y se haya levantado ligeramente.

Cuando la torta esté cocida, entibie en el molde. Desmolde. Corte y sirva con yogur natural o crema batida.

ARROZ CON LECHE AL ESTILO INDIO CON NUECES, FRUTA Y AZAFRÁN

PORCIONES: 4
PREPARACIÓN: 5min
COCCIÓN: 1 hora

Me gustan los budines de arroz de cualquier forma; esta es una variante interesante que puede disfrutarse fría o caliente.

410 g de leche evaporada

200 ml de leche entera

Pizca de hebras de azafrán

55 g de arroz de grano corto

2 cdas de azúcar negra

2 cdas de pistachos picados

1 cda de almendras sin pelar y picadas grueso

4 vainas de cardamomo machacadas

2 cdas de pasas de uva

Caliente el horno a 180°C. Derrame la leche evaporada en una jarra medidora. Cubra con la leche entera hasta lograr 600 ml. Vierta en una cacerola que pueda llevar luego al horno (preferiblemente antiadherente), agregue el azafrán y lleve a hervor a fuego muy suave. Una vez que la leche está hirviendo, sume el arroz y mezcle bien.

Tape y hornee durante alrededor de 1 hora, revolviendo cada 10-15 minutos. Añada el azúcar negra a gusto y mezcle bien. Finalmente, vierta los frutos secos picados y las pasas de uva. Deje unos minutos hasta que las pasas se ablanden, luego sirva.

PORCIONES: 4
PREPARACIÓN: 20min,
más para enfriar
COCCIÓN: ninguna

MOUSSE LIVIANA DE POMELO ROSADO

Esta astringente mousse de pomelo es realmente muy simple, y puede también hacerse con naranjas o pomelo amarillo.

jugo y gajos de 4 pomelos rosados
50 g de azúcar impalpable
6 planchas (o 10 g) de gelatina sin sabor, hidratadas
250 ml de crema de leche
azúcar impalpable, para espolvorear

Forre un molde redondo de 23cm con film transparente. Corte los pomelos en gajos y escurra lo que queda de las frutas en una jarra medidora, cubra con agua fría hasta lograr unos 300 ml.

Mientras tanto, caliente la mitad del jugo de pomelo en una cacerola pequeña y agregue el azúcar impalpable. Vuelque la gelatina y disuelva, luego vierta la mitad restante del jugo de pomelo e incorpore la crema de leche.

Finalmente, agregue la mitad de los gajos de pomelo y reserve el resto para la presentación. La preparación debería sostenerse por sí misma; si no fuera así, enfríe hasta que empiece a solidificarse.

Extienda en el molde preparado y enfríe bien.

Cubra con los gajos restantes en forma simétrica y espolvoree con azúcar impalpable. Desmolde, corte en porciones y sirva.

RUIBARBO HORNEADO CON SALSA MOUSSELINE

PORCIONES: 6
PREPARACIÓN: 15min, más tiempo de enfriado
COCCIÓN: 40min

Como me han escuchado decir muchas veces: menos es más. Esa es ciertamente la regla para este postre. Es rápido y fácil, pero un placer para comer.

Para el ruibarbo

350 g de ruibarbo de estación, cortado en tiras de 10cm

150 g de azúcar impalpable

2 vainas de vainilla, con las semillas separadas

Jugo de 1 lima

Para la salsa

6 yemas

100 g azúcar

100 ml de vino blanco

Cáscara rallada de 1 lima, más un poco de jugo

100ml de crema de leche, ligeramente batida

Caliente el horno a 180°C. Disponga el ruibarbo en una asadera cuadrada de 25cm con 3cm de profundidad. Espolvoree con azúcar impalpable, semillas de vainilla, jugo de lima y 4 cucharadas de agua fría, luego cubra con papel de aluminio. Cocine en el horno durante 35-40 minutos, o hasta que el ruibarbo esté blando pero aún entero. Retire del horno y deje enfriar. Cubra con film transparente y refrigere.

Prepare la salsa: bata las yemas, el azúcar impalpable y el vino blanco en un bol a baño María. Bata rápidamente hasta que los huevos se hayan espesado y estén cocidos.

El secreto para lograr que los huevos no se coagulen desparejamente es retirar frecuentemente el bol de la cacerola, seguir batiendo y luego volver a la cacerola. Se dará cuenta que están cocidos porque se habrán espesado y se verán espumosos.

Retire del baño María y continúe batiendo hasta que la preparación esté fría y bien espesa. Vierta la cáscara de lima rallada, el jugo y la crema de leche.

Saque el ruibarbo de la heladera y deseche el film transparente. Derrame la salsa por encima y sirva inmediatamente.

TABLA DE CONVERSIONES

PESO (SOLIDOS)		VOLUMEN (LIQUIDOS)		MEDIDA	
7g	¼onza	5ml	1 cucharadita	5mm	¼ pulgada
10g	½onza	10ml	1 cuchara de postre	1cm	½ pulgada
20g	¾onza	15ml	1 cucharada or ½onza fl	2cm	¾ pulgada
25g	1onza	30ml	1 onza fl	2.5cm	1 pulgada
40g	1½ onzas	40ml	1½ onzas fl	3cm	1¼ pulgadas
50g	2 onzas	50ml	2 onzas fl	4cm	1½ pulgadas
60g	2½ onzas	60ml	2½ onzas fl	5cm	2 pulgadas
75g	3 onzas	75ml	3 onzas fl	7.5cm	3 pulgadas
100g	3½ onzas	100ml	3½ onzas fl	10cm	4 pulgadas
110g	4 onzas (¼libra)	125ml	4 onzas fl	15cm	6 pulgadas
125g	4½ onzas	150ml	5 onzas fl (¼ pinta)	18cm	7 pulgadas
150g	5½ onzas	160ml	5½ onzas fl	20cm	8 pulgadas
175g	6 onzas	175ml	6 onzas fl	24cm	10 pulgadas
200g	7 onzas	200ml	7 onzas fl	28cm	11 pulgadas
225g	8 onzas (½libra)	225ml	8 onzas fl	30cm	12 pulgadas
250g	9 onzas	250ml	9 onzas fl		
275g	10 onzas	300ml	10 onzas fl (½ pinta)		
300g	10½ onzas	325ml	11 onzas fl		
310g	11 onzas	350ml	12 onzas fl		
325g	11½ onzas	370ml	13 onzas fl		
350g	12 onzas (¾libra)	400ml	14 onzas fl		
375g	13 onzas	425ml	15 onzas fl (¾ pinta)		
400g	14 onzas	450ml	16 onzas fl		
425g	15 onzas	500ml (0.5 litre)	18 onzas fl		
450g	1 libra	550ml	19 onzas fl		
500g (½kg)	18 onzas	600ml	20 onzas fl (1 pinta)		
600g	1¼ libras	700ml	1¼ pintas		
700g	1½libras	850ml	1½ pintas		
750g	1 libra 10 onzas	1 litro	1¾ pintas		
900g	2 libras	1.2 litros	2 pintas		
1kg	2¼ libras	1.5 litros	2½ pintas		
1.1kg	2½ libras	1.8 litros	3 pintas		
1.2kg	2 libras 12 onzas	2 litros	3½ pintas		
1.3kg	3 libras				
1.5kg	3 libras 5 onzas				
1.6kg	3½libras				
1.8kg	4 libras				
2kg	4 libras 8 onzas				
2.25kg	5 libras				
2.5kg	5 libras 8 onzas				
3kg	6 libras 8 onzas				

INDICE

A

aceitunas
Puré de aceitunas con huevos y pimientos 145
Espárragos grillados con puré de aceitunas 106

aderezos
Aderezo francés clásico 103
Aderezo de naranja 101

ajo
Aderezo de ajo y cilantro 102
Tapenade de hongos, panceta y ajo 92
Langostinos al Pil Pil 126
Pesto del limón asado y ajo 109
Gratin de pasta con morrones y ajo ahumado 50

albahaca
Hongos grillados con panqueques de albahaca 21
Refresco de albahaca 25
Aderezo de tomates al horno y albahaca 100

alcaucil
Ensalada de alcaucil y avellanas 92

almendras 166, 185
Tarta Bakewell 174
Torta de naranjas sin harina 184
Ensalada de berenjenas con pesto de almendras 89
Torta de almendras con jarabe de menta 166

apio 78, 112
Jugo de zanahoria, apio, jengibre y manzana 14
Tallos de apio rellenos con jamón crudo 38

Apio agridulce con berenjenas 142

arándanos 22
Cheesecake de arándanos 156
Puré de arándanos con miel y yogur 15
Cheesecake de dulce de leche 177

arroz
Cannelloni de berenjenas con salsa de remolacha 146
Arroz con leche al estilo indio con nueces, frutas y azafrán 185
Pan esponjoso de arroz y queso parmesano 44
Pilaf al curry con castañas de Cajú 149
Frituras de arroz con dip de garbanzos 131
Risotto de puerro y limón 84
Salteado de pollo y langostinos 112
Revuelto de centolla y champiñones 19
Arroz saltado con palta y wasabi 52

arvejas 43, 116
Pilaf al curry con castañas de Cajú 149
Hummus de arvejas 129
Ensalada de fusilli con arvejas y mozzarella 88
Sopa de arvejas, tomates cherry y fideos de arroz 76

avellanas
ver *nueces & frutos secos*

aves
Pechugas de pato en salmuera con naranjas 116
Sopa liviana de pollo con morrones asados 77
Pollo asado con estragón y espárragos 114
Muslos de pollo con mayonesa de morrones 64
Pollo grillado con higos glaseados en miel 113
Alas de pollo con mayonesa de wasabi 45
Hamburguesas de pavo con choclos y albahaca 66
Salteado de pollo y langostinos 112
Pollo rebozado con salsa picante 46
Pollo braseado con cebollas caramelizadas 83
Caldo de pollo asado con perejil y limón 43
Hígados de pollo con muffins de estragón 56
Rolls de pato ahumado con salsa de cebollas 132
Pollo con papas al horno en dos cocciones 69

B

bananas 15
Puré de arándanos con miel y yogur 15

batatas
Panceta en dos cocciones con salteado de cebollas 122

berenjenas 128
Cannelloni de berenjenas con salsa de remolacha 146
Berenjenas en cocción lenta con yogur 141
Apio agridulce con berenjenas 142
Ensalada de berenjenas con pesto de almendras 89
Verduras asadas con yogur al estilo turco 139

C

café
Cappuccinos *frozen* 28

carne
Cerdo crocante con aderezo de limón 36
Bife de chorizo grillado con manteca de vino tinto 123
Tapenade de hongos, panceta y ajo 92
Hamburguesas desnudas 65
Costillas de cerdo con aderezo de calabaza 62
Paleta de cerdo con salsa barbacoa 80
Panceta en dos cocciones con salteado de cebollas 122

castañas
Pesto de castañas, queso de cabra y perejil 103
Pan de castañas y cebollas asadas 74
Ave de caza con panceta y castañas 115
Torta de merengue con castañas cremosas 169

cebolla
Pan de castañas y cebollas asadas 74
Vinagreta fresca de mejillones con cebollas moradas y tomate 99
Cebollas moradas glaseadas con tofu 140
Aros de cebolla rebozados en polenta 134
Pollo braseado con cebollas caramelizadas 83
Panceta en dos cocciones con salteado de cebollas 122

centolla
Revuelto de centolla y champiñones 19
Ensalada thai de centolla con verduras chinas 70

choclo 56
Hamburguesas de pavo con choclos y albahaca 66
Langostinos salteados con palta y salsa de maíz 42

chocolate
Muffins de chocolate amargo y cerezas 164
Torta de almendras con jarabe de menta 166
Tarta de chocolate con dip de manzanas 158
Mousse de chocolate muy fácil 180
Brownies de chocolate con salsa de dulce de leche 163

chorizo 112
Ensalada de chorizo, cebolla morada y porotos 97

coliflor
Ensalada tibia de atún, coliflor y paprika 98

cilantro/cilantro
Pesto fresco de cilantro 108
Aderezo de ajo y cilantro 102
Sopa de lentejas verdes, cilantro y lima 78
Berenjenas en cocción lenta con yogur 141

D

duraznos
Duraznos horneados con crema de dulce de leche 183

E

espárragos
Pollo asado con estragón y espárargos 114
Espárragos grillados con puré de aceitunas 106

INDEX

espinaca 94, 103
  Pesto de castañas, queso de cabra y perejil 103
  Ensalada de fusilli con arvejas y mozzarella 88

estragón 24, 46, 123
  Pollo asado con estragón y espárragos 114
  Muslos de pollo con mayonesa de morrones 64
  Hígados de pollo con muffins de estragón 56

G

garbanzos 139
  Pilaf al curry con castañas de Cajú 149
  Frituras de arroz con dip de garbanzos 131
  Garbanzos asados con tomates y taleggio 138

grosellas negras
  Mousse helada de grosellas negras 172

H

hierbas
  Pesto de castañas, queso de cabra y perejil 103
  Refresco de albahaca 25
  Cebollas moradas glaseadas con tofu 140
  Hamburguesas de pavo con choclos y albahaca 66
  Pesto de limón asado y ajo 109
  Berenjenas en cocción lenta con yogur 141
  Aderezo de tomates al horno y albahaca 100

higos
  Pollo grillado con higos glaseados en miel 113
  Ensalada fácil de achicoria, higos y naranja 94

hongos 76, 77
  Trillas al horno con limón y champiñones 120
  Hongos grillados con panqueques de albahaca 21
  Tapenade de hongos, panceta y ajo 92
  Revuelto de centolla y champiñones 19
  Sopa rápida de miso y tofu 47

huevos
  Puré de aceitunas con huevos y pimientos 145
  Torta esponjosa de maíz con fondant de frutas 162
  Waffles de harina de arroz con huevos 20
  Atún con aderezo de huevo, alcaparras y hierbas 57

J

jamón 115
  Tallos de apio rellenos con jamón crudo 38

Jengibre
  Jugo de zanahoria, apio, jengibre y manzana 14v
  Té helado de jengibre 24
  Salmón ahumado marinado con jengibre 41
  Pan de jengibre 154

L

limón
  Trillas al horno con limón y champiñones 120
  Limonada agridulce 31
  Risotto de puerro y limón 84
  Torta esponjosa de maíz con fondant de frutas 162
  Caldo de pollo asado con perejil y limón 43
  Pesto de limón asado y ajo 109
  Bay biscuits de lima y limón 155

legumbres
  Gratin de porotos colorados, ají y piñones 48
  Ensalada de chorizo, cebolla morada y porotos 97
  Ensalda de habas y salmón ahumado 35
  Sopa de lentejas verdes, cilantro y lima 78
  Pilaf al curry con castañas de Cajú 149
  Frituras de arroz con dip de garbanzos 131
  Garbanzos asados con tomates y taleggio 138
  Hummus de arvejas 129
  Ensalada de fusilli con arvejas y mozzarella 88
  Sopa de arvejas, tomates cherry y fideos de arroz 76
  Porotos caramelizados sobre scons de mostaza 51

lima
  Sopa de lentejas verdes, cilantro y lima 78
  Bizcochos de naranja y lima 159
  Langostinos al Pil Pil 126
  Torta esponjosa de maíz con fondant de frutas 162
  Bay biscuits de lima y limón 155
  Mousse de lima con menta machacada 178

M

mandarinas
  Mousse de mandarinas glaseadas 176

mango 64, 80
  Aderezo de menta y mango 67
  Frituras de cebolla con mango y yogur de menta 34

manzana
  Crumble de manzanas verdes y peras 181
  Jugo de zanahoria, apio, jengibre y manzana 14
  Tarta de chocolate con dip de manzanas 158
  Compota especiada de manzanas y yogur 16

masas básicas, para tartas 152
  masa básica para pizzas 133

melaza 153, 154

melón
  Licuado de melón y pepino con yogur 26

menta 14, 118
  Limonada agridulce 31
  Torta de almendras con jarabe de menta 166
  Salmón rosado japonés con chutney de menta 60
  Aderezo de menta y mango 67
  Frituras de cebolla con mango y yogur de menta 34
  Berenjenas en cocción lenta con yogur 141
  Mousse de lima con menta machacada 178
  Ensalada de fusilli con arvejas y mozzarella 88

miel
  Puré de arándanos con miel y yogur 15
  Salmón especiado con crema de miel 118
  Pollo grillado con higos glaseados en miel 113
  Aderezo de miel y mostaza para ensaladas 101

moras
  Cordial de moras 30

muffins
  muffins de chocolate amargo y cerezas 164

N

naranja
  Pechugas de pato en salmuera con naranjas 116
  Torta de naranjas sin harina 184
  Aderezo de naranja 101
  Bizcochos de naranja y lima 159
  Ensalada de rúcula, naranja y remolachas 90
  Ensalada fácil de achicoria, higos y naranja 94

nueces & frutos secos
  Pilaf al curry con castañas de Cajú 149
  Ensalada de alcaucil y avellanas 92
  Arroz con leche al estilo indio con nueces, frutas y azafrán 185
  Pesto de limón asado y ajo 109

P

pak choi 60, 70

palta
  Salsa de tomates cherry y palta 104
  Langostinos salteados con palta y salsa de maíz 42
  Arroz saltado con palta y wasabi 52

papas 83, 115, 116

Pollo asado con estragón y espárragos 114
Espárragos grillados con puré de aceitunas 106
Caballa fresca marinada y ensalada tibia
    de papas 119
Puré de aceitunas con huevos y pimientos 145
Pollo con papas al horno en dos cocciones 69
Ensalada de berenjenas con pesto
    de almendras 89
Verduras asadas con yogur al estilo turco 139

papaya
    Ensalada agrpicante de repollo y papaya 91

paprika
    Salmón especiado con crema de miel 118
    Langostinos al Pil Pil 126
    Ensalada tibia de atún, coliflor y paprika 98

pasta
    Gratin de porotos colorados, ají y piñones 48
    Sopa de arvejas, tomates cherry y fideos de arroz 76
    Sopa liviana de pollo con morrones asados 77
    Ensalada de fusilli con arvejas y mozzarella 88
    Gratin de pasta con morrones y ajo ahumado 50

pato
    ver aves

pavo
    ver aves

pera
    Crumble de manzanas verdes y peras 181

perejil
    Aros de cebolla rebozados en polenta 134
    Cebollas moradas glaseadas con tofu 140
    Revuelto de centolla y champiñones 19
    Caldo de pollo asado con perejil y limón 43

pepino
    Licuado de melón y pepino con yogur 26
    Rolls de pato ahumado con salsa de cebollas 132
    Ensalada agridulce de tamarindo y pepino 95
    Galletas de arroz con camarones y pepinos 135

pescados & frutos de mar
    Trillas al horno con limón y champiñones 120
    Salmón especiado con crema de miel 118
    Vinagreta fresca de mejillones con cebollas moradas
        y tomate 99
    Salmón rosado japonés con chutney de menta 60
    Caballa fresca marinada y ensalada tibia

de papas 119
Salmón ahumado marinado con jengibre 41
Salteado de pollo y langostinos 112
Langostinos al Pil Pil 126
Frituras de calamar con chermoula 128
Langostinos salteados con palta y salsa de maíz 42
Atún con aderezo de huevo, alcaparras y hierbas 42
Cacerola de tomate, langostinos y licor de anís 55
Ensalda de habas y salmón ahumado 35
Pickle de caballa con hierbas 61
Ensalada tibia de atún, coliflor y paprika 98
Galletas de arroz con camarones y pepinos 135

pimientos/ morrones 76, 99, 112, 138
    Sopa liviana de pollo con morrones asados 77
    Muslos de pollo con mayonesa de morrones 64
    Puré de aceitunas con huevos y pimientos 145
    Gratin de pasta con morrones y ajo ahumado 50
    Dip de calabaza asada y pimientos colorados 125
    Verduras asadas con yogur al estilo turco 139

piñones
    Gratin de porotos colorados, ají y piñones 48
    Pesto fresco de cilantro 108

pizza
    Masa para pizza sin gluten 133

polenta
    Aros de cebolla rebozados con polenta 134
    Torta esponjosa de maíz con fondant de frutas 162

pomelo
    Mousse liviana de pomelo rosado 186
    Jugo de pomelo rosado para empezar la mañana 14

pochoclo
    Pochoclo al estilo indio 129

puerro 76
    Risotto de puerro y limón 84

Q
queso 89, 146
    Pan esponjoso de arroz y queso parmesano 44
    Gratin de porotos colorados, ají y piñones 48
    Pesto de castañas, queso de cabra y perejil 103
    Ensalada de fusilli con arvejas y mozzarella 88
    Garbanzos asados con tomates y taleggio 138
    Dip de calabaza asada y pimientos colorados 125
    Tallos de apio rellenos con jamón crudo 38

queso crema
    Cheesecake de arándanos 156
    Mousse de lima con menta machacada 178
    Cheesecake de dulce de leche 177

R
remolacha
    Cannelloni de berenjenas con salsa de remolacha 146
    Jugo de zanahoria, apio, jengibre y manzana 14
    Salmón ahumado marinado con jengibre 41
    Ensalada de rúcula, naranja y remolachas 90

repollo 80, 115
    Fritura de zucchini con aderezo de repollo picante 144

rúcula 94
    Tapenade de calabaza, pimientos y rúcula 104
    Ensalada de rúcula, naranja y remolachas 90

ruibarbo
    Ruibarbo horneado con salsa mousseline 187

S
Scons 159, 165
    Porotos caramelizados sobre scons de mostaza 51
    Hígados de pollo con muffins de estragón 56

semillas
    Galletas de sésamo y pimienta negra 160
    Barras de frutas y semillas 22

T
tofu
    Cebollas moradas glaseadas con tofu 140
    Sopa rápida de miso y tofu 47

tomate
    Salsa de tomates cherry y palta 104
    Sopa de arvejas, tomates cherry y fideos de arroz 76
    Agua helada de tomate y estragón 24
    Vinagreta fresca de mejillones con cebollas moradas
        y tomate 99
    Mondongo marinado con tomates cherry 91
    Garbanzos asados con tomates y taleggio 138Simple
    Cacerola de tomate, langostinos y licor de anís 55
    Aderezo de tomates al horno y albahaca 100
    Dip veraniego de tomates 105

tortas
    Torta de naranjas sin harina 184
    Tarta Bakewell 174
    Pan de jengibre 154
    Torta húmeda de frutas 153

Bay biscuits de lima y limón 155
Torta de merengue con castañas cremosas 169
Crumble de peras y manzanas verdes 181
Bizcochuelo de cumpleaños 170
Torta de almendra con jarabe de menta 166
Tarta de chocolate con dip de manzanas 158
Brownies de chocolate con salsa de dulce de leche 163

V

vino
Bife de chorizo grillado con manteca de vino tinto 123
Syllabub de vino tinto con pasas 173

W

wasabi
Galletas de arroz con camarones y pepinos 135
Alas de pollo con mayonesa de wasabi 45

Y

yogur 15, 78, 90
Puré de arándanos con miel y yogur 15
Licuado de melón y pepino con yogur 26
Frituras de cebolla con mango y yogur de menta 34
Berenjenas en cocción lenta con yogur 141
Compota especiada de manzanas con yogur 16

Aderezo especiado de yogur y miel de caña 102
Verduras asadas con yogur al estilo turco 139

Z

zanahoria
Jugo de zanahoria, apio, jengibre y manzana 14
Verduras asadas con yogur al estilo turco 139

zapallo
Tapenade de calabaza, pimientos y rúcula 104
Dip de calabaza asada y pimientos colorados 125

zapallitos
Costillas de cerdo con aderezo de calabaza 62

zucchini 43, 128
Pilaf al curry con castañas de Cajú 149
Fritura de zucchini con aderezo de repollo picante 144
Verduras asadas con yogur al estilo turco 139

AGRADECIMIENTOS

Bien, ¿por dónde debería empezar? Este libro fue por lejos el más difícil de todos los que escribí, dada la naturaleza de las recetas y el trasfondo que todas ellas tienen.

Fern, ¿qué te puedo decir? Gracias por tu apoyo y ayuda; ¡qué tipo con suerte soy...!

Norma Mc Gough, Amy Peterson, Emma Merrikin, Kathryn Miller, Kate Newman de Coeliac Society fueron una increíble ayuda, no solo en hacer que este proyecto despegara, sino contribuyendo de mil maneras mientras yo cocinaba y escribía.

Danielle Di Michiel y Kyle, por poner fe en la idea original, gracias.

John Rush y Luigi Bonomi, grandes agentes y amigos.

Clare Greenstreet, ecónoma, y Bea Harling, por probar todas las recetas con las que luché y su brillante conocimiento de la ciencia de la cocina. Julia Alger, por comprar, cocinar y editar mis textos, un gran trabajo el suyo, como siempre. Steve Poole y Tim Sutcliffe, quienes trabajaron increíblemente en mis ideas de puddings que dieron comienzo a todo esto. Steve Lee, el mejor fotógrafo de cocina que hay por aquí. Muchas gracias a todos ustedes.